# CARLOS TRUJILLO

# PANDEMIC ET IMPERIUM.

## (Pandemia y Poder)

## UN MUNDO EN CAOS Y EL SURGIMIENTO DE LAS NUEVAS SUPERPOTENCIAS:

## GLOBAL FINANCE, CHINA, BIG TECH.

El mecanismo, el punto de coincidencia y la puerta hacia un nuevo paradigma.

*A Nhorita con tanto amor.*

# INDICE


PRESENTACION ...................................................13

INTRODUCCION ...............................................17

**PARTE I** ................................................................31

**EL SOCIALISMO FINANCIERO** .................31

CAPITULO 1 ....................................................33

El descubrimiento de la piedra filosofal............33

CAPITULO 2 ....................................................37

Las preguntas del hombre de la calle.................37

CAPITULO 3 ....................................................41

Comienza el thriller: el montaje del sistema .....41

CAPITULO 4 ....................................................54

El crimen. Crisis de hipotecas subprime...........54

CAPITULO 5 ....................................................59

El crimen. Cómo se resolvió la crisis de los préstamos subprime .......................................59

CAPITULO 6 ....................................................64

El crimen. Separación entre economía real y financiera ..................64

CAPITULO 7..................68

El crimen. El modelo de negocio de los bancos ha cambiado ..................68

CAPITULO 8..................75

El crimen. El ahorro, la importancia de hacer mover el dinero y hacer inversiones ..................75

CAPITULO 9..................77

Solución del thriller. ¿Quién es el asesino? ..................77

**PARTE II**..................89

**LA CHINA. Del hambre a los nuevos propietarios del mundo en treinta años**..................89

CAPITULO 10..................91

El reino de medio..................91

CAPITULO 11.................. 110

La gran muralla.................. 110

CAPITULO 11.1 .................. 118

Primera muralla: control político.................. 118

CAPITULO 11.2 .................. 122

Segunda muralla: el firewall........................122

CAPITULO 11.3 ........................126

Tercera muralla: el control del movimiento de capital........................126

CAPITULO 11.4 Cuarta muralla: la ley de empresas nacionales y extranjeras................129

CAPITULO 12 ........................131

Desarrollo de alta velocidad........................131

CAPITULO 13 ........................136

Made in China 2025........................136

CAPITULO 14 ........................144

Belt and road initiative ........................144

CAPITULO 15 ........................148

5G y tierras raras ........................148

CAPITULO 16 ........................158

La situación militar ........................158

CAPITULO 17 ........................164

Dólar grande objetivo final ........................164

CAPITULO 18 ........................167

Go un juego chino ........................167

**PARTE III. BIG TECH** ...... 169

**La cuarta revolución industrial** ...... 169

CAPITULO 19 ...... 171

Prehistoria: 4G y el descubrimiento del petróleo del siglo XXI ...... 171

CAPITULO 20 ...... 177

Un país, dos sistemas ...... 177

CAPITULO 21 ...... 181

La red 5G. El mundo con nosotros dentro se convierte en plataforma ...... 181

CAPITULO 22 ...... 193

La Inteligencia Artificial (IA) ...... 193

**PARTE IV** ...... 203

**UN MUNDO EN DECADENCIA** ...... 203

CAPITULO 23 ...... 205

Estados Unidos. De 1990 a 2020: los peores treinta años desde 1776 ...... 205

CAPITULO 24 ...... 230

Unión europea: el proceso de suicidio colectivo de un continente. Los peores veinte años desde la posguerra ....................230

CAPITULO 25 ....................282

Rusia ....................282

CAPITULO 26 ....................296

India un gran país ....................296

**PARTE V** ....................303

**PARA LLEVAR** ....................303

CAPITULO 27 ....................305

Para concluir ....................305

AGRADECIMIENTOS ....................329

NOTAS ....................331

# PRESENTACION

En los últimos treinta años hemos creado un mundo cada vez más caótico, mientras que todos los países del mundo con la excepción de China han perdido poder e importancia, han surgido tres nuevas superpotencias globales:
-las finanzas internacionales,
-China,
-las Big Tech.
Estas superpotencias globales por un lado son independientes pero por otro lado tienen un punto de coincidencia entre ellas, éste es el núcleo de una gran fuerza que ha transformado el mundo en muy poco tiempo pero sobre todo lo ha llevado a la puerta de entrada de un nuevo paradigma.
Los cambios que se avecinan tienen un alcance tan vasto que todo lo que hemos experimentado hasta ahora nos parecerá insignificante. La velocidad de estos cambios será exponencialmente cada vez más rápida, cada vez más fuerte y cada vez más permanente. Nuestros sistemas económicos sociales y políticos no están preparados para

absorber la increíble fuerza que se desarrollará en tan poco tiempo.

Al crecimiento tecnológico en particular no ha correspondido un crecimiento individual y por lo tanto estructural capaz de modelar y guiar esa fuerza, con la consecuencia de que el riesgo real sea perder para siempre la propia individualidad y las estructuras creadas durante siglos de evolución histórica.

Los enormes cambios tecnológicos nos ofrecen cada vez  herramientas más poderosas para vencer la pobreza, la enfermedad, cuidar el planeta, pero al mismo tiempo nos ofrece las herramientas para construir en muy poco tiempo una jaula inexpugnable de la que lamentablemente una vez dentro es difícil escapar, el control social que ofrece la tecnología es tan meticuloso, capilar, minucioso que lamentablemente puede dotar fácilmente a unos pocos de las herramientas necesarias para la manipulación y dominación como nunca antes en la historia de la humanidad.

Esta pandemia y este virus del 2020 no son el resultado de conspiraciones (al menos eso esperamos) este virus, esta pandemia y la mala gestión a nivel mundial, (con algunas excepciones limitadas), más que por conspiraciones son consecuencia del caos. Este virus en sí mismo si lo comparamos con lo vivido en el pasado es grave pero no muy grave, las cosas si se hubieran manejado bien desde el principio se hubieran podido solucionar en muy poco tiempo y con escasas consecuencias para las personas y la economía del mundo, pero ya que el mundo está en un estado de interdependencia cada vez más acelerado y más complicado, incluso una cosa relativamente menor como este virus ha logrado poner de rodillas a todo el planeta en muy poco tiempo.

Los desastres siempre ocurren cuando los errores se acumulan durante años. El mayor error del caótico sistema mundial que hemos creado está sobretodo en la arrogancia, de seguir queriendo actuar siempre ignorando deliberadamente la naturaleza de las cosas.

El mundo tiene un orden al que todo está sujeto y no hay excepciones. Desafortunadamente, el discurso del mundo moderno de derecha, izquierda, centro, ecológico, comunista es siempre el de actuar sin considerar la naturaleza de las cosas, tratando a toda costa de acomodar la verdad en lugar de buscar la verdad, no respetando las reglas del mundo, actuando como se comportan las células que forman los tumores, que se declaran repúblicas independientes del resto del organismo que no actúan en armonía con el sistema y crean como consecuencia tumores que en muchos casos o pueden ser sacados o terminan por destruirlo todo.

Durante años hemos cometido y seguimos cometiendo los mismos errores en el mundo de las finanzas, con los intercambios comerciales, con la forma de investigar incluso sobre cosas tan peligrosas como los virus, nuestra lógica es demasiado primitiva para un mundo cada vez más sofisticado.

Debemos esforzarnos por mitigar estas lógicas sin perder la ambición que es la esencia de nuestro actuar como seres humanos.


Milano, Italia el 23 de Octubre del 2020.

# INTRODUCCION

El 26 de abril de 1986 a las 1:24 am en la central nuclear V.I. Lenin ubicada en la actual Ucrania, entonces Unión Soviética, cerca de la ciudad de Chernobyl, durante una prueba definida como de "control de seguridad", el personal se hizo responsable de la violación de varias reglas de seguridad y sentido común que llevaron al reactor número cuatro de la planta a un aumento de potencia y por lo tanto un aumento de la temperatura que a su vez provocó una explosión muy fuerte y un gran incendio. Una nube de material radiactivo escapó del reactor y cayó sobre grandes áreas alrededor del planeta, provocando la contaminación inmediata de 336.000 personas. Las nubes radiactivas llegaron a toda Europa, incluyendo Italia, Francia, Alemania y hasta la costa oriental de los Estados Unidos de América. Las verduras, la leche y muchos otros alimentos en toda Europa se perdieron  tocó eliminarlos por contaminación.

El incendio de la central fue controlado gracias al comportamiento heróico del personal de la propia central y de los bomberos, que sin medios de protección evitaron la explosión de los demás reactores y pagaron en buena parte con sus vidas este servicio a la humanidad.

Es curioso señalar que este accidente fue quizás el primer accidente con consecuencias globales de la historia y curiosamente también muchos recordarán cómo en aquellos primeros tiempos una gran parte de la población europea se tenía que encerrar en casa, dejando las carreteras y autopistas completamente desiertas.
La Unión Soviética luego declaró una cifra oficial de 31 muertos. la ONU, bastante influenciada por el poder soviético de la época, después de algún tiempo declaró 4000, mientras que la asociación Greenpeace, realizando un estudio a lo largo de los años que tuvo en cuenta tumores sólidos, leucemias, enfermedades cancerosas,etc., declaró 6 millones. Pero la verdad es que  quizás nunca sepamos el verdadero número de las víctimas.

En cualquier caso, este incidente difícilmente se hubiera podido evitar, la central eléctrica fue diseñada sin la protección del techo: una central nuclear al aire libre, construida para ahorrar, un acto de arrogancia, una bofetada en la cara del mundo entero por parte del régimen soviético, para el cual poner en riesgo la vida de  millones de personas no era un problema, para el régimen Soviético lo fundamental era siempre la consecución de los objetivos marcados por el plan elaborado por el comité central del partido comunista.

El régimen Soviético era un régimen totalitario absoluto que controlaba todo y a todos, donde no había posibilidad de disentir ni siquiera en cosas puramente técnicas: en el caso concreto de Chernobyl, las pruebas que provocaron el accidente se llevaron a cabo a petición y supervisión de ingenieros que llegaron desde Moscú, a los cuales el personal de la planta, aunque en desacuerdo, no impugnó nada por temor a ir contra el sistema y el poder establecido.

El accidente de la central eléctrica de Chernobyl consecuencia de un uso de la ciencia y la tecnología que podríamos definir como "perverso" e "irresponsable" mostró a todos lo que era el comunismo soviético, el CAOS producido por ese sistema y ese mundo y los enormes peligros a los que estaba expuesta la Unión Soviética y como consecuencia todos los demás países del planeta.

Tres años más tarde cayó el Muro de Berlín y poco después también la Unión Soviética.

Las repúblicas de Ucrania, Bielorrusia y Rusia todavía hoy 34 años después, están todavía agobiadas por los grandes costos de la descontaminación y las poblaciones de las áreas contaminadas siguen sufriendo los efectos del accidente.

El 30 de diciembre de 2019, el Dr. Li Wenliang, oftalmólogo del Hospital Central de Wuhan en China, informó al mundo a través de las redes sociales de una posible epidemia tipo SARS.
El 3 de enero de 2020, el Dr. Li fue citado a la estación de policía local y por escrito amonestado por hacer "comentarios falsos" en Internet.
Luego de esta advertencia el médico regresó a trabajar en el hospital donde lamentablemente contrajo el virus de un paciente infectado. Murió por complicaciones de la enfermedad el 7 de febrero de 2020 a la edad de 33 años dejando a su esposa embarazada y otro hijo.

Con referencia a este virus, la información disponible ha sido muy confusa e incompleta desde el inicio, por el momento sabemos que existen estudios científicos que hablan de un virus similar al SARS, el cual ha estado circulando en la ciudad de Wuhan desde principios de diciembre de 2019. No está claro qué hicieron China y la Organización

Mundial de la Salud (OMS) con esta información: solo sabemos que incluso a mediados de enero con un Twitter la OMS informó y tranquilizó al mundo al declarar que "no hay prueba de contagio entre seres humanos". Nuevamente para agregar confusión la Organización Mundial de la Salud durante el mes de febrero insistió en que no había razón para limitar los vuelos internacionales y siempre durante ese mes insistió en que los tapabocas no eran necesarios para combatir el virus.

Finalmente, el 11 de marzo luego de un retraso inexplicable, la OMS declara la pandemia.

También hay que recordar que a lo largo de este período el gobierno Chino utilizo toda su fuerza política para evitar el cierre de vuelos hacia y desde China y que esto provocó que millones de ciudadanos, empresarios, turistas chinos y del resto del mundo, continuaran viajando hacia y desde China llevando el virus a todos los países.

En este punto no lo sabemos y quizás nunca sabremos si las autoridades chinas y la Organización Mundial de la Salud no lograron entender la situación a tiempo al encontrar e identificar el virus, si pudieron encontrar el virus pero no lo reconocieron como una fuente de una nueva enfermedad, o en última instancia, encontraron el virus, lo reconocieron como una nueva enfermedad, pero retuvieron la información.

Sin embargo, el resultado final no cambia: la falta de noticias completas y certeras y la lentitud en la llegada de la información han hecho que el mundo entero se haya contagiado y esto ha significado miles de muertes, millones de personas que perdieron sus trabajos y una destrucción económica como ninguna otra vista desde el final de la Segunda Guerra Mundial.

Un estudio de algunas universidades británicas ha establecido que si hubiéramos tenido información oportuna y transparente desde el inicio de la emergencia, el 95% de lo que estamos viviendo se podría haber evitado.
Cabe recordar que la epidemia de SARS de 2004 también había comenzado en China, que había infectado a varios países vecinos, pero que ciertamente había preparado tanto a la OMS como a China en la gestión de estos eventos. Por eso, una situación como la que se ha presentado resulta aún más incomprensible.

En el humanismo renacentista se avanzó mucho en la relación entre el hombre y el universo, no solo en forma escrita, sino también a través de la expresión artística. El hombre de Vitruvio de Leonardo es la representación de este pensamiento: el hombre está simultáneamente dentro de un cuadrado y un círculo; existe una relación entre el microcosmos del hombre y el macrocosmos de la tierra. Siguiendo esta analogía, no se puede dejar de notar las similitudes entre lo que sucede dentro del hombre y lo que sucede afuera. El virus Covid 19 básicamente ataca a todos los órganos y no solo a los pulmones, porque ataca el tejido endotelial de los vasos sanguíneos, creando una hiperinflamación. El sistema inmunológico al defenderse a sí mismo podría crear una tormenta llamada citosina que, si no se controla, podría volverse fatal. Las personas con mayor riesgo son las que tienen "la enfermedad del siglo", es decir, un sistema que ya está inflamado por causas que pueden ser, por ejemplo, sobrepeso, exceso de alcohol, diabetes, abuso de drogas, estrés y consumo de estupefacientes.

Con esta emergencia una acción similar tiene lugar externamente, en el macrocosmos: este virus ha atacado el tejido social, económico, religioso, gubernamental y personal del individuo en todo el mundo. No hay actividad de ningún tipo que no haya estado involucrada, curiosamente desde el punto de vista monetario este virus está produciendo, como veremos más adelante, una hiperinflamación nunca vista en la historia. La respuesta política y económica ha sido muy fuerte y radical: incluso el mismo cierre total de miles de millones de personas y negocios como arma de defensa contra el virus, si no se modula adecuadamente, podría producir una tormenta que, de no controlarse, podría volverse muy peligrosa e incluso fatal. Así como muchas personas en el mundo viven hoy en un estado de inflamación continua, "el mal del siglo", así casi todos los estados, familias y muchas empresas viven en un estado perenne de inflamación monetaria, vivimos en la era de exceso de deuda y oferta monetaria, ésto como consecuencia,en el caso de los individuos, genera que todo el sistema sea más vulnerable y de hecho no ayuda a que pueda defenderse en un momento tan difícil.

El mundo global como funciona ahora es muy peligroso y muy cercano al caos. Hemos construido un sistema donde solo un país, en este caso China, se ha convertido prácticamente en el centro de la producción mundial, incluso de las cosas más esenciales. Para dar una idea en este momento, China produce el 90% de los antibióticos, el 80% de las vitaminas, el 90% de las píldoras anticonceptivas, el 90% de los medicamentos para el Parkinson, el Sida, la presión arterial alta 80% de los equipos médicos, 90% de los tapabocas y así sucesivamente para muchas cosas indispensables. Durante esta emergencia muchas fábricas no han podido trabajar no solo en el sector de la salud sino también en otros campos, ya que la mayoría de los componentes utilizados en los productos finales provienen de China.

Durante esta crisis, fue humillante ver a países como Estados Unidos, Alemania, Francia, Italia y otros peleando entre ellos por la poca disponibilidad en el mercado internacional de muy básicos tapabocas o respiradores artificiales, como si todavía fueran países en desarrollo incapaces de gestionar su propio destino. Si esto fue así para los países más ricos, imaginemos la situación de los de los países más pobres.

Llegados a este punto debemos preguntarnos: ¿Chernobyl fue una desgracia casual?, ¿Covid 19 es una desgracia casual?

En ambos casos la respuesta decisiva es no. Para llegar a estos incidentes era solo cuestión de tiempo, se necesitaron años de errores acumulados, de comportamientos incorrectos considerados correctos, de ocultar la verdad y desafiar las reglas de la naturaleza, olvidando que "la naturaleza no quebranta sus leyes" porque, como explicó algún genio del Renacimiento, "la naturaleza está

constreñida por la razón de su ley que vive en ella".
Esto quiere decir que no hay actividad humana en
la tierra que no esté sujeta a esta ley: podemos
desafiarla pero tarde o temprano debemos volver a
ella de lo contrario será ella quien nos traerá de
regreso y de una manera rápida y brutal.

Hemos construido un sistema internacional que
tiende a acumular el máximo poder, el poder
extremo, el poder supremo en unas pocas personas,
en unos pocos partidos y grupos que no tienen
contrapeso y por tanto el riesgo de corrupción,
manipulación y dominación absoluta es muy alto.

Históricamente este fenómeno siempre ha sido
muy peligroso: los desastres siempre ocurren
cuando cualquier lógica o comportamiento se
justifica si se considera en línea con los objetivos
para alcanzarlos y esto puede incluir incluso las
acciones más peligrosas e incorrectas.

Cualquier acumulación de poder por un lado
conduce a la pérdida de poder por el otro. Cuando
un sistema pierde el equilibrio de forma demasiado
rápida e impredecible, se produce el caos, que
puede generar fenómenos difíciles de controlar
para todos y una vez que estos eventos toman
forma pueden desencadenar una serie de
situaciones que se vuelven difíciles de detener.

El tremendo éxito económico y el tremendo poder que caracteriza hoy a la China comunista es el resultado de la gran laboriosidad del pueblo chino, de un gobierno chino que aunque antidemocrático, en muchos aspectos ha sido serio, sabio y eficiente.

Pero sin duda, el mayor aporte de todos al crecimiento exponencial de la China lo brindó la codicia del mundo político y financiero/corporativo internacional y en particular el europeo y americano, con un gran predominio del americano.

No hay otro ejemplo similar en toda la historia de la humanidad.

La codicia de este mundo político y financiero/corporativo que nada tiene que ver con el libre mercado, por el contrario, se ha enriquecido y sigue enriqueciéndose desproporcionadamente con China y lo ha hecho transfiriendo enteros sectores productivos, miles de empresas, millones de puestos de trabajo, ciencia, tecnología, innovación, capital y talento, en la práctica la mayor operación de saqueo jamás realizada por un grupo de ciudadanos y gobernantes de un país y un grupo de países, a favor de otro país y de sus ciudadanos, todo ello en detrimento del propio.

Es demasiado fácil ahora culpar a China de ser una dictadura, de comportarse mal, de copiar descaradamente, de "hacer dumping" o de no respetar en general los tratados comerciales, de aprovechar todas las oportunidades, grandes o pequeñas, en su beneficio.

China lo ha hecho y lo hace porque sabe que puede hacerlo: durante años ha ido tan lejos como le ha sido permitido y lo hace porque sabe que los muchos que se benefician seguramente mirarán para otro lado.

El compromiso más importante del gobierno chino no es el que tiene con la OMC (Organización Mundial del Comercio), ni con otras organizaciones o países. El compromiso más importante es con el pueblo chino a quien, con razón, tiene que ofrecer mejores trabajos y condiciones de vida si quiere mantener el consenso en un país de 1400 millones de habitantes.

A todo ello hay que sumarle la enorme explosión del mundo tecnológico. Hay nuevas tecnologías y nuevos acuerdos de desarrollo entre empresas de este sector y China. Acuerdos que harán que las tecnologías y plataformas en uso hoy se vuelvan "prehistóricas" en muy poco tiempo, con todas las consecuencias positivas y negativas que esto conlleva. Este mundo, con modelos similares dentro y fuera de China, viaja en paralelo con modelos de conocimiento del mercado y control social, que están impresionantemente vinculados a las necesidades de un mundo doblegado por la necesidad de combatir los virus.

Vivimos en tiempos muy particulares, el mundo podría dar un giro muy extremo con la excusa del coronavirus y virus similares que podrían llegar. Nuevas limitaciones sociales o empresariales podrían condicionar fuertemente los requisitos para operar económicamente o participar en la vida social, acelerando aún más el proceso de concentración de poder por parte de burocracias no electas o de grandes organizaciones privadas.

La emergencia del coronavirus, de continuar, podría favorecer aún más el control del gobierno y por parte de las grandes corporaciones, todo en detrimento de las empresas no corporativas que generalmente representan al menos el 60% de la fuerza laboral de un país y que son la verdadera fuerza del dinamismo, la creatividad económica y la estabilidad social en una comunidad.

Cada crisis siempre trae nuevas oportunidades y ésto es cierto lamentablemente en un sentido negativo, pero también en uno positivo.

"Nunca desperdiciar una crisis": este virus nos ha obligado a disminuir la velocidad y volver a pensar muchas cosas no solo fuera, sino también dentro de nosotros. La pregunta es: ¿haremos tesoro de esta situación?

Recordemos siempre: nunca hay que "desperdiciar una crisis".

# PARTE I

# EL SOCIALISMO FINANCIERO

# CAPITULO 1

## El descubrimiento de la piedra filosofal

En el caluroso verano de 1971, un año antes del escándalo de Watergate, mientras 334.600 soldados estadounidenses luchaban en Vietnam y muchas familias estaban de vacaciones, el presidente Nixon conversaba en la Casa Blanca en gran secreto con su asesor de seguridad nacional Henry Kissinger, muy pocos dentro de su gobierno,incluido su secretario de Estado (el jefe de política exterior) tenían información sobre el tema de esa conversación. Nixon y Kissinger, desde hacía algún tiempo, estaban en negociaciones con el gobierno comunista chino de Mao. Unos pocos días después Kissinger, con la excusa de un viaje a Pakistán, a bordo de un avión chino volaba en gran secreto a Beijing.

Unas semanas después del regreso de Kissinger, el presidente convocó una gran conferencia de prensa donde hizo el siguiente anuncio sorpresa: "China y Estados Unidos están en conversaciones para normalizar sus relaciones y el próximo año el presidente hará un viaje oficial". El mundo quedó muy sorprendido. Nadie esperaba esta jugada, en ese momento se inició un proceso que duraría muchos años y que habría cambiado el futuro del mundo de una manera increíblemente profunda, especialmente el del siglo XXI.

También ese verano y siempre en gran secreto, el presidente Nixon (era bastante activo...) estaba trabajando con su secretario de Hacienda Connally en un paquete de medidas económicas que en pocos días conmocionarían al mundo, cambiando el enfoque monetario que siempre se ha seguido en la historia de la humanidad cambiando el futuro de una manera increíblemente profunda, especialmente el del siglo XXI.

Ese agosto, Nixon declaró la inconvertibilidad del dólar en oro, socavando unilateralmente los acuerdos del "patrón oro" firmados en Bretton Woods en 1944, que habían regulado el funcionamiento del sistema monetario internacional de la posguerra. Un hecho absolutamente excepcional porque con este acto se rompió el vínculo de la moneda con el oro, vínculo que había durado desde 1776, año de la fundación de Estados Unidos.

Las reglas de Bretton Woods se basaron en un sistema de cambio fijo vinculado al oro, cuyo precio fue fijado políticamente por el Tesoro de los

Estados Unidos en 35 dólares la onza, mientras que las monedas de los países participantes eran convertibles a un tipo de cambio fijo en dólares y por tanto indirectamente en oro.

Por esta razón, el dólar se había convertido en la moneda mundial y por lo tanto, en un instrumento de reserva internacional.

El dólar se utilizó como moneda de cambio, pero los países podían pedirle a Estados Unidos la convertibilidad en oro.

Estados Unidos para financiar sus programas sociales de la década de los 60, además de la guerra de Vietnam, había impreso mucho dinero, creando una cierta inflación. Cuando otros países pidieron que sus dólares se convirtieran en oro, Estados Unidos se desligó del acuerdo para evitar tener que transferir sus reservas.

Desde entonces, los bancos centrales han estado imprimiendo dinero según sea necesario y sin la restricción de reservas de ningún tipo. Este fue el punto de partida que liberalizó el crecimiento de la oferta monetaria a demanda y sin costo. Un cambio histórico, básicamente ya no era necesario acumular capital financiero para hacer inversiones: hoy si se cree que tiene sentido hacer algo, simplemente se imprime el dinero necesario.

Digamos que para un mundo que siempre ha estado acostumbrado a que el dinero estuviera ligado a algo real y tangible, no era tan inmediato y fácil entender y aceptar esta nueva realidad. Como dijo Nixon en el discurso en el que lo anunció: "la fortaleza de una moneda se basa en la fortaleza de la economía de un país", lo que esencialmente significa que "el dinero se crea de la nada según las necesidades". Ya no es necesario descubrir minas de oro y plata para emitir dinero.

Un hecho más que histórico, primera vez en la historia, un evento impactante que todavía en la actualidad es bastante desconocido para la mayoría de la gente.

El cambio de ruta fue tan importante que incluso algunos bancos centrales no lo entendieron de inmediato, pero también hay que reconocer que en esos primeros años los bancos centrales mantuvieron una cierta disciplina.

De todas maneras, la inflación real estaba por llegar. Pero no apresuremos los tiempos.

# CAPITULO 2
## Las preguntas del hombre de la calle

Volvamos a nuestros días y empecemos a hacernos algunas preguntas.

¿Por qué, después de las numerosas emisiones de bancos centrales de los últimos 30 años, no ha habido inflación? (A finales de la década de 1970, la inflación en Europa y Estados Unidos fluctuaba entre el 15 y el 22%, mientras que durante los últimos 15 años ha estado entre el 2 y el 3%. En Japón es incluso negativa).

¿Por qué ha aumentado tanto la concentración de la riqueza en los últimos 35 años? (En los EE. UU. En 1980 el 1% de la población poseía el 5% de los ingresos, el 50% más pobre poseía el 22% de los ingresos. En 2020 el 1% de la población posee el 40% de los ingresos y el 80% de la población 7% de los ingresos. En el mundo, el 10% de la población ahora posee el 85% de los ingresos mundiales, de este 10%, el 1% posee el 50%).

¿Por qué hay tan poco trabajo de calidad disponible?

¿Por qué todos los partidos políticos, especialmente la izquierda, pero también la derecha, sobretodo en Europa y América, son los mayores partidarios y promotores de las grandes finanzas corporativas internacionales?

¿Por qué los hombres más ricos del mundo apoyan las políticas de grupos y partidos de izquierda con sus ONG y fundaciones? (Ideología dominante en Wall Street y en la City de Londres).

¿Por qué faltan inversiones públicas, pero también privadas? ¿Por qué falta infraestructura, dinero para mantenimiento, etc.?

¿Por qué los salarios reales se detuvieron a mediados de la década de 1970 y solo han caído desde entonces?

¿Por qué las deudas públicas, corporativas y domésticas han aumentado exponencialmente año tras año a niveles nunca imaginados desde la década de 1980? (En 1980, la deuda pública en Estados Unidos era el 35% del producto interno bruto, en 2020 el 120%; en 1980 la deuda pública más la deuda privada equivalía al 90% del PIB en 2020 al 280%. Si se incluyen los derivados también mucho más. Nadie lo sabe con exactitud, pero se habla del doble).

¿Por qué el costo de la política o la actividad de influir en la política se ha convertido en un costo sostenible para unos pocos? (Por ejemplo, en Estados Unidos las elecciones de finales de los 70 Carter/Reagan costaron 76 millones de dólares, mientras que la última elección de Obama costó 1600 millones de dólares, sobre todo con què se pagan los 11.801 lobistas en Bruselas para la Unión Europea y los 11.641 de Washington para el gobierno estadounidense? ¿Quién paga realmente y por qué?

Porque el discurso político en general y en particular de izquierda ya no considera la mejora social de las clases menos favorecidas, los trabajadores, la clase media, sino que todo se centra en unos pocos temas, como el calentamiento global, los problemas de género, raza e identidad en general y ¿por qué quienes apoyan cada vez más estos argumentos son las Fundaciones, ONG y Think Tanks siempre en manos de las finanzas internacionales y las grandes corporaciones?

¿Por qué personas con poder en el sector público como banqueros centrales, ministros y secretarios del tesoro, llegan casi todos o casi todos terminan en el sector financiero? ¿Existe algún conflicto de intereses?

# CAPITULO 3
## Comienza el thriller: el montaje del sistema

En diciembre de 2001, luego de largas negociaciones llevadas a cabo por la administración Clinton primero y luego completadas por la administración Bush, se firmó la entrada de China en la OMC (Organización Mundial del Comercio). El aspecto fundamental de este acuerdo no era tanto la aceptación por parte de China de comportarse según las reglas contractuales del comercio internacional, sino sobre todo el hecho de que a partir de este momento China ya no tiene que ser certificada todos los años por el Congreso de los Estados Unidos como nación apta para el comercio, este vínculo desde ese momento desaparece.

Cuando el gobierno de Estados Unidos hace desaparecer este vínculo, surge inmediatamente un gran escenario de largo plazo para la economía China que genera un enorme interés en todas las grandes corporaciones y grandes bancos, pero también en las medianas empresas para llevar gran parte de la producción a China, las ventajas son enormes, entre estas, menores costos laborales, legislación casi inexistente en cuestiones de ecología, ahorros en seguridad en el lugar de trabajo, ahorros por contaminación, etc. Todos elementos que básicamente permiten producir articulos a bajo costo para luego venderlos en los mercados de los países más ricos a precios más altos naturalmente con enormes ganancias. Además, en perspectiva, la presencia en China se considera una oportunidad para un mercado con un potencial gigantesco. (Los estadounidenses y los europeos en especial pensaron que eran muy "listos" y que iban a tener un "almuerzo gratis" explotando a los chinos, pero, como dijo el famoso economista Milton Friedman, el "almuerzo gratis no existe" y hoy las cosas se han puesto patas arriba, mas parece que son los Chinos, los que van a tener un "almuerzo gratis" con europeos y estadounidenses, pero esto lo veremos más adelante).

En Europa en 2002 entró en circulación el euro. La moneda más loca jamás inventada desde que existen las monedas. No fue votada por el pueblo, pero fue impuesta. Detrás del euro no hay un estado, una nación, una economía representada, ni tampoco instituciones políticas. Su invención no implicó una transferencia de soberanía política a otro organismo político supranacional. En un continente inspirado en general por la "socialdemocracia", el euro, todavía querido y defendido hoy sobre todo por la "socialdemocracia", es en realidad una moneda privatizada, una contradicción absoluta desde el punto de vista ideológico.

Lo más grave y ridículo es que cuando el Banco Central Europeo crea el euro de la nada no puede dárselo a los estados, sino que debe dárselo a los bancos, incluso a los bancos no europeos. Estos a su vez son los que "prestan" el euro a los estados ganando dinero sin hacer nada. Quienes crean y hacen circular dinero ya no responden a la política. Europa ha vaciado el poder político, que pertenece a los pueblos y lo ha entregado a entidades privadas y a los banqueros del Banco Central Europeo. Y estos banqueros no son elegidos por la política, sino que en la práctica son elegidos por los propios bancos.

Desde la existencia del euro, Europa sólo ha seguido acelerando su profundo declive, de hecho su "suicidio asistido", un tema tan impactante que merece ser tratado en detalle en otro capítulo en el que hablaremos de Europa.

Volviendo a nuestras preguntas del hombre de la calle, para tratar de entender este "misterio" lleno de interrogantes y contradicciones, debemos remontarnos a los años 70 y entender el mecanismo que en poco tiempo cambió por completo las reglas del juego en un crecimiento de eventos que es realmente increíble.

Antes de hacerlo, cabe señalar lo siguiente: quizás por la gran incertidumbre que vivimos hoy por los eventos extraordinarios que están sucediendo, como esta pandemia de coronavirus y el misterio que aún envuelve sus orígenes, en las redes sociales se hacen cada vez más conjeturas y afirmaciones diversas para explicar estos fenómenos, cosas como la teoría de una "conspiración internacional", la existencia de "sociedades secretas que dominan el mundo", "encuentros internacionales para unos pocos donde todo se decide", etc. La realidad no es así, sería demasiado trivial, pero el thriller de todo este sistema no es una fantasía en realidad existe. Este thriller es una historia de detectives sofisticada que no comienza simplemente con un cadáver y un "averigüemos quién es el asesino". Es un thriller de calidad, que comienza con una observación y luego con una pregunta: "Esto pasó. ¿No es extraño?".

En cualquier caso, como dijo Agatha Christie, "cuando se trata de grandes sumas de dinero, ... es recomendable no confiar nunca en nadie ...".

Como se mencionó anteriormente, a finales de la década de 1970, surgió algo de inflación en Estados Unidos debido a la emisión de dinero para financiar programas sociales y la guerra de Vietnam. En 1971 se produjo el famoso fin del "patrón oro" y se abrió a la posibilidad de que los bancos centrales imprimieran dinero sin restricciones. En 1973 ocurrió la crisis energética que resultó en un aumento del 300% en el costo del petróleo. En ese momento, la inflación comenzó a subir: en Estados Unidos llegó al 15% y en algunos países europeos incluso al 22%. En esa fase, lo que hacia posible el gran aumento del gasto social y del estado en general fue el bajo precio de la energía. Cuando esta suposición falló, la inflación explotó y todo el sistema entró en crisis.

También en este período tuvo lugar otro hecho histórico: por primera vez desde la Revolución Americana, a mediados de la década de 1970, los salarios reales dejaron de crecer. El sueño americano se detuvo y los salarios reales no han aumentado desde entonces, esto, a pesar de que la productividad ha aumentado muchas veces. Las causas son diferentes; algunas son las siguientes: después de las protestas del 68 hubo una gran afluencia de mujeres al mundo laboral, hecho que, unido al aumento de la inmigración legal e ilegal, provocó un aumento de la oferta de trabajo, la entrada cada vez más acentuada de la automatización en la industria y las oficinas también ha provocado una disminución de la demanda de trabajo por parte de las empresas. Esto se hizo en una primera fase y luego, con la globalización hecha posible por las nuevas tecnologías y los nuevos acuerdos comerciales, gran parte del trabajo se transfirió a otros lugares, lo que provocó que la demanda disminuyera y por lo tanto, redujera aún más la curva del salario real. En cualquier caso, en una primera fase se mantiene el nivel de consumo de los hogares; lo que cambió fue que en una familia donde antes solo un miembro tenía que trabajar para traer a casa lo necesario, desde mediados de la década de 1970 en adelante el hecho de que los dos miembros, cabeza de hogar, trabajaran,más que una elección de vida se convirtió en una necesidad.

América y Europa terminan la década de los 70 en una profunda crisis económica y social. Son los años de la presidencia de Carter y el inicio del mandato de Reagan. Paul Volcker es nombrado miembro de la Reserva Federal, quien de 1980 a 1982 aplica una política muy fuerte para frenar la inflación, lo hace llevando las tasas al 22% y creando un desempleo que se eleva a más del 10%. Esta política de "shock" fue recompensada y en 1982 la inflación cayó al 3%, desde entonces no ha vuelto a subir, aunque la cantidad de dinero se ha incrementado artificialmente muchas veces.

Mientras tanto, el poder adquisitivo de los salarios continúa disminuyendo, las necesidades reales y la demanda  de bienes cada vez más sofisticados continúan  aumentando. En este punto, se configura un sistema a nivel masivo que aún predomina en la actualidad, es decir, el uso del crédito al consumo a través de una propuesta muy agresiva del sistema financiero compuesta por hipotecas, leasing para la compra de vehículos automotores e impulso decisivo para utilizar tarjetas de crédito.
Desde entonces, se ha desalentado a la gente de ahorrar y se ha presionado a gastar.
Desde entonces siempre ha existido una tarjeta de crédito, una hipoteca o un alquiler de coche por pagar; independientemente de la edad del contratista, siempre hay una oferta para una tarjeta de crédito.

Como ya se mencionó, en una primera fase, la entrada de las mujeres en el mercado laboral ayudó a mantener alto el consumo doméstico, incluso si los salarios no aumentaron. Cuando esto ya no fue suficiente, se utilizaron como complemento al consumo las tarjetas de crédito, esto sirvió a las familias pero también sirvió para asegurar que las empresas tuvieran un mercado para vender sus productos y servicios y para que la gente se sintiera rica sin serlo. El sueño americano tomado prestado: lo usas pero no lo posees.

En 1987 se produjo la primera caída importante de las bolsas de valores desde el fin del "patrón oro", la caída más fuerte desde 1929 con una pérdida de las listas en pocos días del 22%.

De 1987 a 2006, el presidente de la Reserva Federal fue Alan Greenspan, una figura muy importante porque junto a los secretarios del tesoro del gobierno de Clinton, Robert Rubin y Larry Summers, fue uno de los artífices de gran parte del mecanismo que se desarrolló y de la situación que este mecanismo produjo durante todos estos años.

Para resumir en pocas palabras, podríamos decir que con ellos parte el largo período de tasas de interés bajísimas, mucha desregulación, grandes déficits por parte del gobierno, dinero entregado a los bancos para financiarse y aval de operaciones a alto riesgo de los bancos, con garantías y seguros cubiertos por el gobierno federal. Esta política involucrará especialmente a los gobiernos de Clinton, Bush y Obama y dará lugar a tres crisis graves: la de las burbujas Dot.Com (empresas vinculadas a las nuevas tecnologías de Internet), la de 2001 provocada por el ataque de fundamentalistas islámicos a las torres gemelas de Nueva York City y la terrible crisis, EPOCAL de las denominadas hipotecas subprime (préstamos de alto riesgo financiero por parte de entidades de crédito a favor de clientes con alto riesgo de endeudamiento), una crisis nacida de forma absurda y gestionada de la peor forma, gestión que ha dejado casi todo como antes pero con enormes deudas por pagar.

A finales de 2007 y durante 2008 esta crisis supondrá la pérdida de millones de puestos de trabajo, el valor del -30% de las bolsas de valores y una recesión que todavía hoy para algunos países, como por ejemplo Italia, de hecho aún no ha terminado.

En el segundo gobierno de Clinton, junto con el Congreso republicano de entonces, se llevará a cabo lo que podríamos definir como "la madre de todas las reformas en el mundo financiero internacional", germen del sistema en el que vivimos, es decir, un giro decisivo a favor de economía financiera en detrimento de la economía real.

Durante los años 80s y 90s se preparó el terreno: nació lo que se llama la innovación financiera, es decir, el uso desenfrenado de las computadoras para acelerar los intercambios, la creación de DERIVADOS y CDO (Colateralized Debt Obbligations), todos los instrumentos que han contribuido a incrementar inconmensurablemente el riesgo, la deuda, la concentración de la riqueza, la "euforia irracional", como la definió Alan Greenspan, todos elementos que son base de las crisis que siguieron.

En el mismo período se penaliza y desalienta el ahorro, la Reserva Federal regulaba por ley el interés que pagaban los bancos por los depósitos de ahorro y éste era inferior a las tasas que pagaba el mercado. Por lo tanto, el ahorrador no tuvo más remedio que sacar su dinero de las cuentas de ahorro y entregarlo a la bolsa de valores y al mercado de bonos.

Algunas de las reformas clave para crear este sistema fueron:

- la abolición de la ley Glass Steagall de 1933 que prohibía las fusiones entre bancos comerciales y bancos de inversión (quizás la medida más dañina y peligrosa de todas);
- nuevas regulaciones contables externas para estados financieros que permiten a los bancos ocultar pérdidas;
- regulaciones que eliminan los derechos de la Comisión de Comercio de Futuros de Materias Primas para liquidar derivados;
- nueva normativa del Congreso Americano (Futures Modernization Act) que aún prohíbe definitivamente la regulación de derivados;
- Normas de la SEC, para permitir que los bancos de inversión aumenten los niveles de deuda;
- reglas que permitan a los bancos determinar sus propias necesidades de capital en modelos de riesgo internos;
-reglas que eliminan los límites a la difusión del crédito: la Reserva Federal elimina los controles que protegen a los consumidores del abuso durante la concesión de crédito;
- normas que prohíben a los ciudadanos demandar a las empresas que compraron la hipoteca y a los bancos que las emitieron;

- reglas que permiten a las compañías de seguros y semipúblicas como Fannie Mae y Freddie Mac ingresar al mercado de hipotecas de alto riesgo;

- normas antimonopolio que permiten la creación de bancos que son demasiado grandes para quebrar y permiten que los bancos pequeños lleven a cabo operaciones demasiado riesgosas;

- ley del Congreso de los Estados Unidos que impide que la SEC regule el trabajo de las empresas calificadoras (que dan valoraciones no siempre correctas a las distribuidoras hipotecarias).

Si bien todas estas reglas llevaron al colapso de los créditos subprime en 2007, después de las habituales comisiones de expertos y la abolición ficticia de algunas cosas, la situación se ha mantenido sin cambios hasta la actualidad.

Desde entonces, las economías más grandes del mundo han sido muy vulnerables e inestables.

Con el montaje de este sistema, se produjo por primera vez la llamada "EXUBERANCIA IRRACIONAL", (lo que significa que algo andaba mal con los mercados porque estaban creciendo demasiado rápido); luego, cuando todo explotó, le tocó el turno al "AZARDO MORAL" (el mercado sabe que en cuanto pase algo, el gobierno salvará a todos los bancos y grandes empresas con ríos de liquidez, porque son demasiado grandes para quebrar).

Con este sistema, quien invierte su dinero en finanzas y no en la economía real es un ganador, porque con EL QUATITATIVE EASING de los bancos centrales (ríos de liquidez que se dan a los mercados financieros) todo el dinero acaba en los mercados de valores y bonos y por tanto los precios de la mayoría de los valores necesariamente suben. Pensar mal es un pecado, pero ¿cómo no notar que todos los banqueros centrales tienen su propio dinero y ciertamente están invertidos en los mercados financieros? Está claro que hay un conflicto de intereses ya que cada vez que los banqueros centrales deciden aumentar esta liquidez, hacen que sus valores suban y aumenten su riqueza.

# CAPITULO 4
## El crimen. Crisis de hipotecas subprime

La crisis de las hipotecas subprime tiene dos elementos básicos: por un lado un elemento político, ideológico y sobre todo demagógico; por el otro lado, la actitud codiciosa del mundo financiero que buscaba autorización y protección en el mundo político para lograr sus objetivos a través de las operaciones más arriesgadas.

El esquema se originó en América pero se copió con variantes en Europa donde, en particular, los bancos alemanes y franceses se expusieron mucho con bancos locales en países como España, Irlanda, Islandia y Grecia.

El gobierno de Estados Unidos, como ya se explicó, promueve el crecimiento de la oferta en el mercado inmobiliario a través de diversas herramientas, pero al mismo tiempo crea los mecanismos para incrementar la demanda de una manera muy dinámica. Esto conduce a un aumento continuo del precio de las viviendas. Para hacer subir los precios del mercado de inmuebles no bastaba con los clientes PRIME (con las condiciones económicas para obtener un préstamo), se necesitaba aumentar la demanda de inmuebles.

El tema también era político: un banco podía ser acusado de discriminación contra minorías si no concedía determinados préstamos, por el otro lado, el banco hambriento de dinero no lo pensó dos veces, los bancos no tuvieron que ser demasiado empujados por el gobierno para abrir sus puertas a los clientes SUBPRIME (sin las condiciones económicas para el préstamo/hipoteca).

Entonces los bancos promovieron la venta de estas hipotecas de alto riesgo al cliente subprime con un discurso que decía más o menos esto: "Compre una casa bonita, aunque no pueda pagarla, denos solo el 5% del valor de la casa, durante los dos primeros años de cuotas, le cobramos muy poco, después de dos años estas cuotas subirán mucho pero no se preocupe, en dos años usted ya habrá vendido esa casa, mientras tanto su precio habrá subido mucho, con la venta nos devolverás la hipoteca, habrás ganado un buen dinero y con este nuevo dinero empezarás otra hipoteca para otra casa". Y así sucesivamente. Esto se hizo por miles de millones de dólares. En 2006 había alcanzado los 12 trillones de dólares (recordemos que el PIB estadounidense es de 20 trillones aproximadamente, solo para hacernos una idea).

Para no colapsar el sistema, el precio de las casas tenía que seguir subiendo y no poco.
Dos años antes del desastre ya se sabía que los precios de la vivienda estaban cayendo.
Cuando los precios de la vivienda cayeron, el castillo de naipes se derrumbó. Una explosión de billones de dólares que involucró a todos los principales bancos del mundo.

Después de este desastre, en lugar de sentirse un poco culpables y pedir disculpas al mundo, los bancos se presentaron ante el gobierno para que pagara por las deudas.
El gobierno les dio miles de millones de dólares para sacarlos de las dificultades porque son demasiado grandes para quebrarse[1].

La fase sucesiva fue la siguiente:
Sacaron a personas de sus casas y las arrojaron en medio dela calle.
En lugar de cancelar todas estas hipotecas dañadas, quisieron lucrarse aún más de esta crisis,

cogieron todas estas hipotecas, las dividieron en pequeños pedazos y para poderlas volver a vender las empaquetaron en un buen derivado con un algoritmo basado en el supuesto de que el riesgo individual es más que un riesgo colectivo, una cosa que no tiene sentido desde un punto de vista matemático y estadístico. Un riesgo distribuido según ellos. Luego vendieron estos productos en todo el mundo con agencias de calificación que pusieron en muchos casos la triple A.

Se dice que muchos de estos valores en la actualidad estántodavía ocultos en los balances de muchos bancos estadounidenses, japoneses, franceses y alemanes[2].

Alan Greenspan fue informado en 2003 de que la gente estaba obteniendo préstamos no calificados y sin embargo, no hizo nada. Era como si él mismo (junto con la FED) hubiera prendido fuego a un bosque, solo para ser llamado a extinguirlo en el momento de la crisis, un absurdo este doble papel[3].

Es interesante notar que en ese momento los bancos prestaban dinero adicional a las personas según el presunto valor futuro de la casa y cómo con este préstamo la gente pagaba sus vacaciones, autos nuevos, la universidad de sus hijos, etc. La gente no miraba lo que ganaban y lo que podían pagar, sino solo el pago de la cuota mensual[4].

Esta política impulsada por el gobierno a través de los bancos traía una gratificación contemporánea transversal en toda la sociedad y a nivel de todas las generaciones, (una casa mejor de lo necesario, hermosas vacaciones, el último modelo de teléfono celular, etc.), todo con dinero prestado sin las condiciones necesarias para poderlo prestar.

# CAPITULO 5

## El crimen. Cómo se resolvió la crisis de los préstamos subprime

Durante la administración de Bush y Obama para resolver esta crisis, la deuda pública de Estados Unidos se incrementó en un 90%.

Para resolver el problema, el gobierno estadounidense se inventó muchos programas.

Para empezar, hubo aproximadamente 10 millones de ejecuciones hipotecarias.

La Fed bajó las tasas de interés del 4% al cero% y las mantuvo muy bajas hasta que llegó la pandemia de coronavirus.

Proporcionó mucha liquidez, así como muchos programas de "estímulo". Se ha concedido mucho dinero para realizar "rescates", que es básicamente una intervención realizada por instituciones bancarias o públicas para salvar a una empresa privada de la quiebra mediante préstamos blandos, exenciones fiscales o ayudas económicas.

La política de la Fed ha inflado los mercados financieros y ha mantenido vivas empresas que realmente deberían haber quebrado[5].

Los inversores privados, los mismos que habían provocado la crisis, volvieron a los barrios donde entre tanto se habían realizado las ejecuciones hipotecarias y compraron las casas a precio de saldo, recuperando su dinero y de esta manera creando aún mayor concentración de riqueza, todo con dinero de los contribuyentes proporcionado por la Fed[6].

Todos los que tenían mucho dinero pedían préstamos con tasas de inicio a los bancos de 0% de interés.

Como ya se había anticipado, el mercado de los cupones basura todavía existe, nunca se han quitado del camino. Con la crisis, no se aprovechó la oportunidad para limpiar. Los problemas estructurales se mantuvieron, se pensó cambiar el sistema agregando solo deuda[7].

Muchos de los problemas del mercado financiero y de la crisis de 2008 solo se han resuelto con refinanciamiento; la idea no era solucionar el problema, sino mover el problema hacia adelante, lo malo de ésto es que cuando la única decisión que se toma es ganar tiempo, cuanto más tiempo se compra, el tiempo se vuelve más caro[8].

El hecho de que la Fed haya mantenido las tasas de interés tan bajas y durante tanto tiempo ha creado como consecuencia un mercado de bonos enorme.

El mensaje que la política de la Reserva Federal envía a los ejecutivos de las empresas que cotizan en bolsa es el siguiente: "No haga inversiones productivas en bienes y servicios que sean útiles para el futuro de su empresa, así aunque parezca absurdo correrá menos riesgos y tendrá mayores bonificaciones; no haga inversiones, sino pida dinero prestado a los bancos a bajo interés para comprar las acciones de su empresa usted mismo (operaciones de recompra buy-back),estas compras harán aumentar el valor de estas acciones y por lo tanto, le harán obtener bonificaciones aún mayores".

"El dinero es casi gratis, se puede pedir prestado en la cantidad que se desee". Muchas grandes empresas estadounidenses también utilizan hasta el 90% de su flujo de caja para realizar operaciones de recompra buy back.

La moraleja del mensaje que el gobierno envía al mercado es que cada vez que se comete un error, el gobierno vendrá a salvar a todos a través de "rescates bailout", es decir, planes de salvación con dinero público.

Entonces, ¿qué nos enseña todo esto?

La deuda total generada en los últimos años con respecto al PIB, por ejemplo en China, es de cerca 300%; en Estados Unidos, si miramos todo tipo de deuda, estamos cerca al 200%, ¿cómo pagar esto? Imposible de pagar, simplemente pospones la deuda[9].

La deuda mundial registrada ronda los centenares de trillones de dólares y solo tenemos 50 trillones de billetes y monedas, ¿cómo se explica esto? La respuesta es que hay mucha confianza en el dólar es como un juego de poker[10].

La deuda global en 2018 fue de 250 trillones de dólares entre gobiernos, empresas y hogares, tres veces el PIB mundial (producto interior bruto), que es de 83 trillones. Si a esta cifra le sumamos los denominados pasivos llamados "unfolded liabilities" (básicamente bonos de deuda que no tienen fondos suficientes para pagar, como planes de pensión y similares) la cifra aumenta en otros centenares de trillones. Si agregamos derivados a eso, todavía subimos en varios cientos de trillones. Estos son números tan altos y fuera de control que nadie sabe realmente cuál es la cifra final (acordemos otra vez que el PIB Americano es de 20 trillones al año aproximadamente).

# CAPITULO 6
## El crimen. Separación entre economía real y financiera

Cuando a un estudiante universitario de economía se le explica en general para qué sirve la bolsa, en pocas palabras se le dice lo siguiente:

"La bolsa es el punto de contacto entre las finanzas y las empresas, la bolsa sirve para recaudar dinero que será utilizado por esta empresa para realizar inversiones para el desarrollo empresarial de sus mercados".

Las bolsas de valores se dividen en dos mercados: el mercado primario, que es el mercado en el que las empresas cotizan por primera vez y donde se cotiza cada nueva emisión de acciones para obtener capital; el mercado secundario, que es un mercado cuyo propósito es intercambiar solo acciones y bonos y ya no recaudar capital para realizar inversiones. Es el mercado de la especulación[11].

En las décadas de 1980 y 1990, cuando la bolsa comenzó a subir, las finanzas crecían, pero aún financiaban la economía real; hoy ya no es así: hay cada vez más una separación clara entre los mercados financieros y la economía real, una división entre la finanza de depósitos, valores, derivados y la economía real de materias primas y servicios[12].

El mercado primario, a grandes rasgos, probablemente consista en una centésima parte del mercado secundario, la razón es muy simple: cuando una empresa cotiza en bolsa por primera vez y cobra por ejemplo 10 €, después de 10 años los 10 € recaudados son siempre 10 €, mientras que las acciones que ingresan al mercado secundario se negociarán miles de veces generando comisiones de compra, comisiones de venta y dinero cada vez que cambie de manos. Es lo mismo que le pasa al dinero cuando circula continuamente en economía: el billete de 10 € guardado todo el año en un cajón habrá generado 10 € de PIB pero, si el mismo billete ha cambiado de manos 100 veces, en un año generó mil euros de PIB.

El resultado de este mecanismo es que por un lado tenemos una economía real cada vez más esbelta y desvencijada y por otro lado un mercado de valores secundario caracterizado por valores multimillonarios, generados por una negociación continua y automática, con ganancias que nada tienen que ver cuando la comparación se realiza con la economía real. Todo ello implica también que al estar reservadas las operaciones de los mercados primarios exclusivamente para empresas muy grandes, esto favorece el proceso de concentración, de hecho, no existe un sector estratégico que no haya sufrido un fuerte proceso de concentración en los últimos años, ya que quienes trabajar en el mercado secundario adquieren un enorme poder adquisitivo cuando entran a hacer compras en el mercado de la economía real.

La diferencia es tan grande que si no se pertenece a este mercado secundario no hay forma de competir.

Cuanto más se avanza, más complicada se vuelve la situación, dado que hay una enorme cantidad de riqueza que en realidad es falsa, ya que no hay suficientes bienes y servicios reales para representarla. La verdad es que si todas estas acciones se vendieran, su valor sería cercano a cero.

La preocupación de los políticos es subir las cotizaciones bursátiles creyendo que si la bolsa sube significa que la economía va bien, una contradicción cuando sabemos que la economía real, el desempleo y los salarios demuestran que no es así. Si solo subimos el precio de las acciones, nos engañamos a nosotros mismos pensando que somos más ricos, pero como sociedad en general no lo somos. Alguien dentro del circuito tiene más poder adquisitivo, pero el conjunto no es más rico[13].

# CAPITULO 7
## El crimen. El modelo de negocio de los bancos ha cambiado

Volvamos otra vez a nuestro estudiante de primer año de economía y a su profesor que le explica esta vez para qué sirven los bancos.

El profesor en tono serio le explica que los bancos recogen los ahorros de las personas y que con mucho esmero y profesionalidad, los utilizan para prestarlos a emprendedores que invierten en la economía real para crear productos y servicios.

El propósito de los bancos, según el profesor, es hacer intermediación crediticia en la economía real.

Los bancos prestan dinero a las empresas para que puedan trabajar y crear riqueza real.

Las inversiones estudiadas seriamente por el banco generan una riqueza que se traduce en bienes y servicios reales.

La inversión productiva se amortiza sin generar desequilibrios financieros porque, si bien es cierto que habrá más dinero en circulación, ya que la inversión es seria, también habrá más bienes y servicios para comprar y con cierta demanda.

Además, nuestro querido profesor explicará a nuestro joven y atento alumno que el banco además de ser un medio para valorizar los ahorros de las familias, también es una fuente de financiación para la compra, de forma bien meditada, de bienes como la casa, el coche, o para financiar los estudios de los niños.

Esto es la teoría, en la práctica el mundo real es completamente diferente.

Desafortunadamente, el crimen más grande y más dañino cometido durante la administración Clinton fue abolir la famosa ley Glass Steagall, creada después de la crisis de la década de 1930, que hizo una clara distinción entre los bancos comerciales, como el que se acaba de describir y Bancos de inversión, dedicados a la especulación bursátil. Incluso la Unión Europea, que siempre copia mal a Estados Unidos, ha hecho algo similar.

Después de la crisis de las hipotecas de alto riesgo subprime se inventaron unas comisiones de estudio que por un tiempo pretendieron restaurar esta división, pero de hecho hoy esta división no existe y por eso, como veremos, los bancos en realidad ya no están muy interesados en hacer su trabajo como bancos tradicionales, prefieren trabajar como bancos de inversion[14].

Una vez el trabajo de los bancos era hacer intermediación crediticia: recolectar los ahorros de las personas prestándolos a empresarios y por lo tanto, invertir en la economía real para crear empleos, productos y servicios. Esto era muy saludable para la economía, porque la empresa podía hacer circular dinero produciendo riqueza.

Los bancos tienen hoy un modelo de negocio que ha cambiado por completo.
Básicamente ya no quieren quedarse con el dinero de los ahorradores, por ejemplo, si un ahorrador lleva 10.000 euros a un banco, el banco normalmente no le ofrece una cuenta de ahorro tradicional sino un producto de inversión, como un producto de seguros, un fondo de gestión o bonos[15].

El cliente al entregar al banco su dinero piensa que tiene una relación con el banco, pero en realidad cuando compran estos productos su dinero ya no se deposita en el banco, sino que termina en el producto de seguro que va al seguro, o en el fondo de inversión y así sucesivamente. El dinero no queda en el banco sino que viene distribuido por todo el mundo financiero.

La ventaja del banco es cobrar comisiones del ahorrador y de quien vende los valores pero lo que es más importante para el banco, es que no se asume ningún riesgo, porque en ese momento la responsabilidad de lo que pueda pasar con ese dinero ya no es de nadie.

Una cosa muy importante de entender es que si los bancos, en lugar de prestar dinero a empresas, lo dan para financiar a través de fondos de inversión, productos de seguros o similares, para la economía real es como si metiéramos ese dinero en un cajón y lo congelamos, porque estos ahorros darán muchas vueltas en el mercado secundario de especulación y darán rendimientos, pero desde el punto de vista de la riqueza real no crearán nada.

El problema es que cuando todo el sistema está configurado de tal manera que el dinero de los ciudadanos y el dinero de los bancos centrales solo van a los mercados financieros, las bolsas de valores están bien pero la economía real siempre tiene grandes dificultades porque faltan las inversiones y el dinero no circula[16].

Desde el punto de vista de resultados y riesgos, los bancos están cada vez menos interesados en la gestión de activos y en la gestión de riesgos.

En este contexto, también es increíble la posición que ha tomado la Unión Europea con la normativa de Basilea, hecha a propósito para favorecer únicamente al mercado financiero y penalizar el de la economía real. Con esta normativa, los bancos tienen que apartar dinero en función del tipo de operación: en el caso de un préstamo a empresas o familias deben apartar una gran cantidad, en el caso de un valor representativo, como acciones o bonos, una cantidad menor, en el caso de un derivado, una cifra aún menor.

Todo esto se justifica con el noble objetivo de tener bancos más "sólidos".

Esta es la razón por la que los bancos transforman incluso lo que no es un producto financiero en sí mismo en productos financieros: por ejemplo, mezclan todos los préstamos otorgados a empresas y familias, los juntan, hacen paquetes y los venden de acuerdo con el tipo de riesgo, como productos de inversión.

De esta forma el banco evita el riesgo de quiebra e insolvencia y lo traspasa al mercado y a los ahorradores de esta manera el banco ya no tiene ninguna responsabilidad[17].

Otro regalo de la Unión Europea a las finanzas internacionales en detrimento de sus ciudadanos es la regla, ya aplicada para salvar a los bancos alemanes y franceses muy expuestos fuera de Francia y Alemania, según la cual los ahorradores y clientes de cuenta corriente de un banco responden con su dinero en caso de quiebra de su banco, porque según esta normativa deberían haber sido capaces de elegirlo bien.

Un reglamento absolutamente absurdo. Un robo. Entonces, nos preguntamos: ¿para qué son las autoridades del banco central, que en teoría son los órganos encargados de controlar y supervisar a los bancos, dado que tienen todas las herramientas? Sería como pedir a los pasajeros de un avión que se estrella contra una ciudad que paguen las casas destruidas porque deberían haber elegido una buena aerolínea.

Para concluir, los bancos están obligados a comportarse de esta manera porque si las tasas de interés son casi nulas, no pueden ganar con préstamos normales para la economía real, sino que necesariamente deben recurrir al mercado financiero secundario. Básicamente, con este sistema, los bancos reales, necesarios para la economía real, son un mal negocio, un negocio

arriesgado y por lo tanto quedan prácticamente
abolidos.

# CAPITULO 8

## El crimen. El ahorro, la importancia de hacer mover el dinero y hacer inversiones

Volvamos otra vez a nuestro estudiante universitario, cuando en el primer año de economía, su profesor le explica qué es el PIB, el Producto Interno Bruto. Básicamente, el PIB tiene cuatro componentes: gasto público, inversión, consumo y el saldo entre importaciones y exportaciones.

En el corazón del PIB están las inversiones, porque sin ellas es imposible crear la riqueza necesaria para hacer gasto público y crear los bienes y servicios para consumir, así como es imposible exportar.

El ahorro está en la base de la inversión, el ahorro es muy importante porque es seguridad para el futuro, permite la compra de bienes duraderos y junto con el dinero que generan los bancos centrales, está al principio y también al final del ciclo económico. ("El agua que tocas de los ríos es la última del que se fue y la primera que viene, así el tiempo presente". Leonardo da Vinci).

Por eso es fundamental que el ahorro y el dinero en general circulen de forma continua y esto debe hacerse a través de todas las actividades económicas, pero sobre todo a través de los bancos: 10 euros guardados en un cajón durante un año son 10 euros congelados, 10 euros intercambiados para la compra de bienes y servicios 1000 veces al año son 10.000 euros de PIB.

Si esto es así, en este punto queda claro el problema que surge cuando los bancos congelan los ahorros, los sacan de la economía real compuesta por bienes y servicios y los transfieren al mundo de las finanzas donde en realidad no se crea nada.
En economía, el reciclaje de dinero siempre es fundamental, es incluso más importante que crear dinero nuevo. En el caso actual, donde en realidad hay mucho dinero, lo importante sería hacer circular, pero en la economía real, no en el mercado financiero[18].

# CAPITULO 9
## Solución del thriller. ¿Quién es el asesino?

Empecemos este capítulo preguntando a nuestro profesor universitario qué es la inflación, el profesor responde tranquilamente que "la inflación es un aumento enorme de la cantidad de dinero o crédito" (y por tanto también de la deuda).

Los síntomas de la inflación son, por ejemplo, un enorme aumento del precio de los bienes, salarios, casas o incluso el precio de los activos financieros (acciones, bonos, derivados, etc.). Cualquier activo financiero de fácil liquidación es dinero.

Hoy en 2020, encontramos un ejemplo de inflación extrema en la República Socialista de Venezuela, hasta hace unos años el país más rico de América Latina, con las mayores reservas de petróleo del mundo, donde hoy gracias a una política de emisión continua de dinero que no tiene correspondencia en la producción de bienes y servicios, el dinero ya no vale nada y la gente se muere de hambre.

Desde finales de la década de 1980, la mayoría de los países desarrollados han aumentado la cantidad de dinero como nunca antes en la historia. Estamos hablando de un aumento que desde la década de 1980 hasta la actualidad supera el 1000%. Es cierto que en los últimos años el producto interno bruto mundial se ha  multiplicado, pero también hay que considerar que la inflación al consumidor, como ya hemos explicado, en Europa y Estados Unidos pasaron del 15% al 22% en la década de 1980, al 2% de media que se ha mantenido durante muchos años.

En esta historia hay una gran contradicción porque, volviendo a nuestro profesor de economía, si no hay correspondencia de bienes y servicios, en teoría, la inflación de precios al consumidor no debería ser del 2% pero sí tener cifras muy altas, por otro lado, el valor de las divisas y las materias primas es estable en general, de hecho, la preocupación de los bancos Central Europeo y Del Japón, es luchar contra la deflación, que es lo opuesto a la inflación y conduce a la depresión.
La pregunta que surge espontáneamente es: ¿cuál es el misterio? ¿Qué pasó con toda esta inflación?

Si analizamos bien todas las cosas, vemos que en realidad la inflación está ahí, pero no está en el mercado primario de la economía real, sino que está totalmente concentrada en el mercado secundario del mundo financiero.

"Inflación del precio de los activos", según la definición de los expertos en finanzas, significa: "un fenómeno económico que indica un aumento en el precio de las acciones y bonos que contrasta con el de los servicios y los bienes de consumo ordinario".

Si nos fijamos en el índice Standard and Poor 500, que mide el valor de las acciones estadounidenses y las principales empresas, observamos que solo de 2009 a 2019 creció un 450%, mientras que, en el mismo período, los precios de la economía real, por ejemplo para el valor de las casas, salarios y materias primas, aumentaron del 3% al 15% como máximo. Como puede ver, los dos números no coinciden en absoluto. Por tanto, podemos concluir que los bancos centrales con sus políticas siguen inflando los mercados financieros creando inflación, pero dado que los propios bancos centrales han creado un sistema de clara separación entre el mundo de las finanzas y el de la economía real, por esta razón la inflación no se refiere al nivel de precios al consumidor, sino que se limita a valores, bonos, derivados y similares.

Esta situación en los mercados financieros es muy peligrosa porque en cualquier momento se pueden crear burbujas especulativas que luego, como ya ha sucedido varias veces, estallan.

En este capítulo, que se titula "¿Quién es el asesino? (Finalmente llegamos allí), preste atención a este pasaje: **"lo que es inflación en el mundo financiero, no lo es en el mundo real. Lo que es inflación en el mundo financiero es VALOR en el mundo real"**.

Por esta razón, entonces, cuando los señores de las finanzas bajan con su dinero del mundo de las finanzas al mundo de la economía real, tienen un poder adquisitivo que nadie puede igualar y pueden permitirse comprar lo que quieran sin ningún problema. Y esta es la razón por la que en los últimos años hemos asistido a una concentración cada vez mayor en todos los sectores importantes de la economía: el farmacéutico, automovilístico, alimentación, moda, marketing, distribución transporte, telecomunicaciones, cualquier sector.Las actividades en los sectores de productos básicos, manufactura o servicios han sido sometidas todas a un proceso destructivo de concentración en grandes grupos.

Alan Greespan de la FED llamaba este proceso "creative destruction" ilustrándolo como un paso necesario hacia el progreso y la modernidad, pero de hecho más que una "destrucción creativa" el resultado de este sistema hasta ahora ha sido solo de destrucción.

Debería estar claro para el lector a estas alturas que los bancos centrales dan dinero gratis a los bancos y por lo tanto a sus accionistas para hacer subir el precio de sus acciones. Con este dinero, los bancos y los accionistas compran sin esfuerzo, sin mérito y sin capacidad de gestión todo tipo de empresas que luego naturalmente destruyen, vacían y en el mejor de los casos, subcontratan a los chinos.

Un ejemplo típico y actual es lo que le ha sucedido en los últimos años a la empresa insignia de la industria aeronáutica estadounidense, casi destruida en el pasado por una gestión absurda, que hoy está luchando para volver a ser lo que era en la fabricación de aviones.

Se le hace notar al lector que es muy importante para el mundo financiero que no haya inflación en el mundo de la economía real, si por casualidad sale la inflación en el mundo real la consecuencia seria que la finanza perdería su poder e influencia sobre el mundo primario de la economía real.

China, en su papel de gran protagonista de todo este sistema, pero también todos los demás países en vía de industrialización, aunque en menor medida, como India, Vietnam y Tailandia, han prestado un gran servicio a la causa del mundo financiero, los bajos costos de su mano de obra y todo lo que se necesita para los procesos, costos imposibles de obtener en los países desarrollados, han proporcionado productos y servicios de bajo precio a los mercados de todo el mundo y en particular a los Estados Unidos y Europa. Un fenómeno deflacionario para la economía real, que permite a los distritos financieros altos que la fiesta pueda continuar sin consecuencias, de inundar todo con una enorme inflación.

Si buscamos dónde están los precios inflados en este momento, los encontramos en acciones y bonos y en todo lo que tiene que ver con los ricos: casas de lujo, arte como inversión grandes yates y cosas de este tipo[19].

¿El lector, se acuerda, de los años 70 de la gran protesta, de los sindicatos más feroces, de los gobiernos que lo cedían todo, del aumento del gasto público, de las fábricas ocupadas y siempre en huelga, de los que se jubilaban a los cuarenta, del despilfarro en salud pública, en escuelas y universidades?

Años llenos de intelectuales y compositores comprometidos, de grandes discusiones y grandes pasiones, pero donde el resumen de lo que se pedía básicamente resultó en un solo concepto, a saber, que el Estado tenía que proveer para todo y dar continuamente grandes sumas de dinero para cumplirle las varias promesas hechas a grupos específicos.

Toda esta "revolución" acabó finalmente en un caos y una gran inflación.

Pero los líderes de todos estos movimientos, cuando la ola se detuvo, no pararon, después de unos años los encontramos en el papel de ministros, parlamentarios, eurodiputados, jefes de grandes bancos. En fin, de la protesta pasaron a la nueva clase dominante.

Si se leen sus biografías, se encontrará que la mayoría se han organizado bien y que, como clase dominante, fueron ellos quienes concibieron el nuevo sistema que estamos describiendo.

En el mundo globalizado y desarrollado de hoy ya no es tanto la ideología de izquierda en el sentido clásico que se promueve. Las cosas han cambiado mucho, en esto hay que mirar lo que le pasó al senador demócrata Bernie Sanders en Estados Unidos: considerado demasiado izquierdista al estilo de los años 70, lo aceptaron hasta que comenzó a ganar, pero en cuanto se dieron cuenta de que realmente podía ganar, en poco tiempo lo sacaron.

Las cosas han cambiado.

Hoy para ser bienvenido por la izquierda, es necesario hacer discursos completamente diferentes: calentamiento global, problemas de identidad, género, raza, abolición de fronteras, esos bellos discursos de izquierda sobre salarios, derechos de los trabajadores, pensiones, trabajo garantizado, el bienestar y los ríos de dinero público ahora están pasados de moda.

O mejor dicho, digamos que están pasados de moda en el mercado primario de la economía real, pero no en el mercado secundario, el de las finanzas, esa mentalidad simplemente allí no ha cambiado. En el mercado primario de la economía real está pasado de moda, pero en el mercado secundario de la finanza la ideología de izquierda funciona como en las plazas de los años setenta.

Ahora podemos dar respuesta a la pregunta que nos hicimos al principio, de porque estos millonarios y billonarios son casi todos de izquierda. La explicación es que en realidad no son millonarios, sino solo "pobres millonarios" que necesitan todo el tiempo para existir asistencia gubernamental y bancos centrales (el equivalente de FOOD STAMPS pero para ricos).

Así como muchos sindicatos en la década de 1970 chantajearon a los gobiernos bloqueando carreteras, fábricas, puertos y aeropuertos para obtener lo que querían, de la misma forma los "camaradas de lucha" de las altas finanzas chantajean y amenazan a los gobiernos para conseguir dinero gratis chantajeando con cosas como que son demasiado grandes para quebrarse, que va llegar la gran depresión, la destrucción de los fondos de pensiones etc.

Al final descubrimos de dónde viene la fascinación por la izquierda de las altas finanzas y la mayoría de los que allí trabajan, es impresionante ver que si hay alguien que no ama y desprecia el libre mercado son los de Wall Street, los de la City de Londres, los de la Bolsa de Valores de Frankfurt así como los directores de los bancos centrales. Estas mismas altas finanzas no aman y desprecian a los "dueños de las pequeñas, medianas y grandes empresas no corporativas", a quienes les gustaría comprar por poco dinero o cerrar con cualquier truco.

Tampoco aman la burguesía de la clase media porque ("todavía demasiado puritanos e hipócritas") consideran que los trabajadores están "superados" y deben ser reemplazados por la nueva inmigración o con la transferenciade las actividades económicas en países más "flexibles" y "competitivos".

Los "nuevos compañeros de 2020" aman y promueven el sistema bienestar del Estado a toda costa y cómo culparlos: mientras nuestros pobres compañeros de los 70 se tenían que conformar con una pensión extra o algún pequeño privilegio, los nuevos camaradas de hoy están obteniendo beneficios reales para sus "Hedge Founds" que son máquinas de producir ganancias para ellos.

El mundo tiene ahora generaciones de familias de "pobres millonarios y billonarios" que viven y han vivido por años del estado de bienestar del "Food stamps para ricos".

Hay otra razón por la que los partidos de derecha e izquierda hoy ya no hacen discursos como los de los años setenta: si los salarios comienzan a subir en la economía real y se empiezan también a realizar demasiadas inversiones (en fin hacer girar demasiado dinero), el riesgo de inflación se vuelve muy alto ya que en realidad el peligro de inflación es latente, vivimos con una hiperinflación congelada, por lo que se tiende a otorgar salarios y hacer inversiones al mínimo necesario para no detener el sistema, pero nada más, de lo contrario, el riesgo sería enorme y esto los bancos centrales también lo saben.

El pleno empleo también podría generar inflación, así como el trabajo sobrepago. Con su astucia, los políticos han inventado los "trabajos del 33%" para abordar este problema: trabajos flexibles, mal pagados, sin rendimiento, útiles en determinados momentos y circunstancias de la vida, pero que ahora sin embargo se han convertido en la norma, por lo que muchas personas se ven obligadas a hacer hasta tres trabajos para sobrevivir.

También en este frente China es muy útil, porque ésta sigue produciendo lo necesario a precios muy bajos, evitando la creación de inflación en América y Europa.

Al mismo tiempo, a través del crédito al consumo, el sistema financiero compensa la falta de ingresos de las personas y las personas usan este crédito para comprar cosas que realmente no pueden pagar, al final en apariencia todos parecen satisfechos. El consumidor se beneficia de bienes que no puede poseer, China suministra físicamente los bienes que necesita a precios deflactados, la finanza no permite un aumento excesivamente alto en los salarios y las inversiones para evitar la inflación, pero brinda el crédito necesario para asegurar que haya consumo. Por supuesto, debido a ésto, la deuda global está disparada.

Un modelo rentable pero destructivo a largo plazo. Es el clásico dicho Americano de "patear la lata en el suelo para hacerla rodar más adelante en la calle", o "resolvamos el problema momentáneamente, luego ya veremos, así no tendré que resolverlo yo".

Básicamente seguimos ganando tiempo, pero cuanto más tiempo compramos, más dinero nos cuesta este tiempo. Mientras tanto, China, que ha sido utilizada por este sistema, ha crecido y se ha vuelto tan poderosa que quizás, sin que nos demos cuenta, ahora es la dueña del juego.

# PARTE II

# LA CHINA

# Del hambre a los nuevos propietarios del mundo en treinta años

# CAPITULO 10
## El reino de medio

Hengde, China, al norte de Beijing, pabellón de caza imperial, día del señor 14 de septiembre de 1793. Carta del emperador Qianlong entregada personalmente al embajador británico Lord Macartney dirigida al rey Jorge III de Inglaterra:

"Nuestro imperio celestial tiene todas las cosas que necesita en abundancia prolífica y por lo tanto no necesita ningún producto que exista por fuera de sus fronteras. Por lo tanto, no está obligado a importar artefactos hechos por bárbaros extranjeros a cambio de nuestros productos".

Más adelante, la carta continúa pidiendo al rey Jorge III que nunca se comporte con negligencia y que siempre obedezca los edictos de su Emperador y sin dudarlo.

El Emperador en su carta deja en claro varias veces que considera a los europeos en particular como "bárbaros" y todas las naciones de la tierra subordinadas al imperio celestial.

Para el registro, Lord Macartney fue el jefe de la primera misión diplomática de Gran Bretaña en China. Los objetivos de la misión incluían la solicitud de abrir algunos puertos nuevos para los británicos, la solicitud de establecer una embajada permanente en Beijing y la solicitud de utilizar una isla frente a la costa china para facilitar el comercio con la propia China.

El emperador chino rechazó todas las solicitudes de los británicos, pero la misión no fue considerada un fracaso, incluso hoy desde un punto de vista histórico, se considera muy importante como una oportunidad para recopilar información sobre este gran, poderoso y polifacético imperio, poco conocido hasta entonces.

La historia de China es bastante extraordinariay más que extraordinariaes única. Contiene elementos bastante particulares y diferentes a muchos otros imperios de la historia. Ciertamente los aspectos geográficos han jugado un papel importante, junto con mucho misterio y secretismo y una forma de ver las cosas bastante diferente a muchas otras culturas.

China durante milenios ha sido un mundo en el mundo, con sus guerras, su cultura, sus descubrimientos, pero siempre limitada a un área geográfica específica y poco interesada en el resto del mundo.

Solo una vez, en miles de años, estuvo completamente ocupada y gobernada por extranjeros durante un período de tiempo importante pero relativamente corto, fusionando parte de la cultura china con la de otra población, en este caso los mongoles.

De resto solo queda la paréntesis de la ocupación japonesa durante la Segunda Guerra Mundial que no puede ser considerada un gobierno estable de ocupación ni tampoco de larga duración.

Este periodo de la historia China hace parte de los famosos 100 años de humillación de los cuales los chinos hablan con mucha frecuencia hoy, desde 1839 a 1949, período durante el cual varias potencias extranjeras incluidos británicos, franceses, alemanes, Rusos y japoneses llevan adelante guerras de dominación, como la guerra del opio o la revuelta de los Bóxers, con algunas conquistas territoriales parciales pero que no concluirán nada de definitivo.

Taoísmo, Confucianismo, Budismo, Legalismo, un poco de cristianismo y un poco de Islam, son algunas de las fuentes del pensamiento chino, pero con una mentalidad y una forma de pensar, incluso desde un punto de vista estratégico, completamente diferente a la de otros países.

Un ejemplo muy interesante y significativo para comprender cómo razonaban los chinos entonces y cómo piensan hoy son los principios esenciales de un libro titulado "El arte de la guerra" escrito por Sun-tzu, un estratega chino, en 481 a.C. Sun-tzu escribió: "Quien gane 100 victorias en 100 batallas no es el más hábil de todos. Quien ni siquiera da batalla y somete a las tropas del oponente es el más habilidoso de todos".

Otro ejemplo de un estratega chino anónimo alrededor del año 1500 d.C. siempre en la misma línea escribió: "Intenta hacerle la vida difícil al oponente, evitando una colisión frontal. El fuerte se debilita y el débil se vuelve más fuerte".

Para comprender mejor este país, debemos remontarnos mucho en su historia.

Las primeras dinastías chinas conocidas se remontan al 2100 a.C.

En el 221 a.C. China comienza la construcción de la Gran Muralla y tiene su primera gran dinastía con

Qin Shi Huangdi che es considerado el primer emperador de China, ya que fue el primer gobernante absoluto con ese título.

Se convirtió en emperador en 221 a.C. después de haber unificado bajo su dominio todos los reinos y luego divididos en muchos señoríos feudales.

El término "China" se remonta generalmente a "Qin" o "Chin", por lo que parecería una derivación de su nombre.

Qin Shi Huangdi también es famoso por ser el comitente del enorme ejército de terracota, enterrado en su enorme mausoleo.

Una obra que ha permanecido secreta y envuelta en misterio durante miles de años. Hoy se sabe que parte del misterio deriva del hecho de que por orden del emperador todos los que participaron en la construcción del ejército y todos los que lo conocieron fueron enterrados junto con el emperador y sus estatuas.

Durante el reinado de este emperador, China amplía sus territorios, se convierte en una potencia comercial y hace importantes descubrimientos tecnológicos mucho antes que los europeos, como la invención del papel y la metalurgia avanzada.

Qin Shi Huangdi fué importante porque primero estableció un gobierno central fuerte, quitando el poder a los señores feudales. Entre las diversas cosas realizadas, estandarizó pesos y medidas, la moneda y el sistema de escritura. Construyó varios palacios y miles de kilómetros de caminos para conectar las provincias con la capital.

Desde un punto de vista filosófico y político dejó un legado muy fuerte. Creía en una filosofía llamada Legalismo de la cual explicaremos más adelante. También es famoso en la historia por haber quemado todos los libros "no legalistas" y por tener una particular antipatía por los libros relacionados con Confucio. Además de los libros que quemó en la hoguera también quemo muchos intelectuales que no predicaron de acuerdo con la filosofía legalista.

El confucianismo y el legalismo son dos filosofías muy importantes en la historia y tradición china con efectos que aún hoy se sienten bastante en la China moderna, tanto que el autor piensa que la China moderna está mucho más inspirada en el confucianismo y el legalismo que en el comunismo.

El confucianismo ha sido durante mucho tiempo la principal filosofía de la historia de China.
Predica la convicción de que la nobleza no se deriva del nacimiento sino del estudio y el esfuerzo por superarse (meritocracia), que la sociedad se

basa en el respeto a los roles y que por tanto es necesario el respeto a los superiores como el padre, el rey los mayores, así como la buena voluntad hacia los inferiores es necesaria, comportarse correctamente consiste en desempeñar honestamente el papel de cada uno y respetar el de los demás. La virtud fundamental del noble es la humanidad o la benevolencia, el estado no puede simplemente imponer leyes por la fuerza, sino que debe comportarse como un padre y dar reglas que sigan principios que aseguren su respeto.

El legalismo es otra vía para mantener el orden, es una filosofía centralista según la cual el estado debe hacer lo necesario para apropiarse del poder y hacer que la gente trabaje, que no infrinja las leyes y que la fuerza y el miedo le permita dominar a los hombres.

El supuesto básico es que las personas están naturalmente inclinadas a cometer actos ilegales y por lo tanto, la autoridad de las leyes y el estado son necesarios para el bienestar humano.

A partir de este primer emperador comienza un ciclo que llegará hasta el siglo XXI en el que China alterna siglos de unidad y estabilidad con siglos de guerras civiles y divisiones entre sus provincias. Pero hay una cosa importante a tener en cuenta: los habitantes de China durante milenios, además de la conquista y el gobierno de 87 años de los mongoles y la invasión japonesa de la Segunda Guerra Mundial, nunca han sufrido otras invasiones.

Ha habido muchas guerras, pero casi siempre han sido guerras internas dentro de China y por lo tanto, entre chinos. Por ejemplo, si comparamos la historia de un italiano en Sicilia una grande isla Italiana del Mediterráneo, con la de un habitante de China, nos damos cuenta de que la del primero es muy diferente: Para el Siciliano durante siglos sus antepasados han tenido que lidiar con guerras, invasiones de todo tipo, saqueos, plagas , imperios, comercio y oficios diversos de por cuenta de griegos, etruscos, romanos, fenicios, vikingos, árabes, judíos, alemanes, africanos, turcos, francos, iberos, americanos e incluso los habitantes de Asia Central. En la práctica, todos han pasado por Sicilia en un momento u otro, mientras que los habitantes de China, incluso la China actual, en gran parte debido a su aislamiento voluntario y su manifiesto deseo de secreto, no han sufrido invasiones ni han invadido.

La realidad es que los chinos son miles de años que tienen sus principales contactos desde todos los puntos de vista exclusivamente con los habitantes de China, lo que hace de China un país milenario, con una civilización muy marcada y muy antigua pero a la vez un país muy nuevo para el mundo y un mundo muy nuevo para los chinos.

Si a esto le añadimos los desastres provocados por la revolución cultural que intentó violentamente provocar la ruptura de la China moderna con el pasado y con el legado de su civilización antigua, el panorama se estrecha aún más.

En el panorama de emperadores es digna de mención la dinastía Tang que en 618 d.C. llevó la expansión de China a 11,720,000 km. cuadrados, el territorio más grande de su tiempo en superficie, mas grande que la China actual, que es de 9,596,000km cuadrados, (el máximo histórico para China fue de 14 millones de km.cuadrados, con territorios que hoy pertenecen a Mongolia, Rusia, Kirguistán y Kazajstán).

Otro líder muy importante en la historia de China es Kublai Khan (1279-1294).

El líder mongol Genghis Khan había lanzado varios ataques contra el imperio chino, después de unir a las tribus nómadas de la llanura de Mongolia en 1206.

Su nieto Kublai Khan completó la conquista de China en 1279, poniéndolo todo bajo dominación extranjera por primera y casi única vez en la historia de China.

Kublai, quien fundó la dinastía Yuan, también es famoso porque el explorador y comerciante Marco Polo de Venecia llegó a su corte.

Marco Polo permaneció allí durante varios años, se convirtió en una persona de confianza del Khan y después de la conquista de China, en un alto funcionario imperial. Quizás Marco Polo ha sido el único miembro europeo de un gobierno imperial chino de alto nivel.

El emperador Kublai Khan para hacerse aceptar trató de hacerse amigo de la población china y en parte lo logró al eliminar algunas leyes muy opresivas, promover el arte, introducir el servicio postal de Mongolia altamente eficiente en toda China y construir muchas carreteras.

Para hacerse aceptar por los chinos cambio su nombre y el de todos los funcionarios al chino, también hizo todo lo posible por transformar a los mongoles en chinos y no al revés. Su dinastía duró 89 años y terminó debido a una crisis económica ligada a un problema de inflación y también a que las costumbres de las dos poblaciones eran demasiado diferentes entre sí.

También es interesante notar que durante su imperio China tuvo por una vez una política expansionista más similar a la de otros imperios: de hecho, el emperador construyó una gran flota naval que utilizó para intentar invadir Japón, al final no tuvo éxito debido a problemas durante la navegación y las dificultades encontradas con los feroces guerreros samuráis japoneses.

También intentó invadir Vietnam, pero nuevamente sin éxito. (Vietnam, que es por cierto un país pequeño, habitado por gente aparentemente muy apacible, pudo derrotar a los mejores guerreros del mundo de esa época, a saber los mongoles con ayuda de los chinos y más tarde, en el siglo XX, una superpotencia como los Estados Unidos, después de Estados Unidos otra vez derroto una potencia como la China moderna en 1979 en una breve guerra por el apoyo de la China al régimen de los Khmer Rojos de Polpot en Cambogia, régimen comunista que mató a 5 millones de sus ciudadanos , un hecho absolutamente increíble desde el punto de vista militar).

En cualquier caso, el emperador Mongol suma más territorios y alcanza los 14 millones de km.cuadrados.

Terminado el periodo de los mongoles comienzan las dinastías Ming (1368-1644) y Qing (1644-1912).

Es importante considerar que durante estas dos dinastías la población de China aumentó mucho más que en otras partes del mundo en ese momento.

Por esta razón, hoy China, junto con India, es uno de los países más poblados del mundo. El buen gobierno de estas dinastías fue sin duda la base de este resultado, la geografía ha ayudado mucho, en particular el hecho de tener mucho espacio y sobre todo tierras fértiles con gran disponibilidad de agua. Las guerras regionales nunca alcanzaron los niveles de devastación que se vieron en Europa, por ejemplo y ser muy aislacionista, tener buena comida, espacio y agua les ha ayudado a evitar muchas enfermedades.

En la dinastía Ming, durante el siglo XIV, Yongle se destaca como el emperador más interesante.
Durante su reinado, sucedió algo muy fascinante: por primera y única vez en el transcurso de las diversas dinastías, el imperio chino (a excepción del período con el Khan) construyó una flota naval que fue impresionante para su época. (Era el 1400): barcos cinco veces más grandes que los que usó Cristóbal Colón en 1492 para el descubrimiento de América, además de estos grandes barcos, cientos de barcos de apoyo, 28.000 personas entre

marineros, científicos, técnicos y soldados un esfuerzo muy importante.

La flota realizó siete viajes diferentes desde 1405 hasta 1433 a través de los mares del sur de China, Vietnam, India, Sri Lanka, Maldivas, el Estrecho de Ormuz, La Meca y toda la costa de África Oriental.

Al mando de la flota estaba el almirante chino Zheng He, que entre otras cosas era musulmán.

Una flota de 317 barcos: los más grandes equipados con 12 velas y con sistemas técnicos innovadores como compartimentos estancos separados para evitar que el barco se hunda con facilidad.
El propósito de las misiones no era militar, sino incrementar la influencia china: los barcos llevaban obsequios a los gobernantes de los países visitados y estos territorios a su vez debían mostrar cierto tipo de deferencia hacia los chinos.

Es importante señalar que esta flota fácilmente podría haber dominado todos los mares del mundo, ya que era tecnológicamente mucho más avanzada y mucho más grande que el estándar europeo de la época. Si en ese momento los chinos hubieran decidido seguir haciendo conquistas, quizás hoy el mundo hablaría principalmente mandarín y no inglés.

Pero tras la muerte de Yongle, los nuevos emperadores y burócratas de la corte decidieron que era mejor destruir la flota ocultar o suprimir gran parte de la información recopilada durante esos años y no volver a hablar del tema.

En esa entonces se concluyó que la información recopilada durante esos años y los viajes realizados habian sido un desperdicio.

En realidad, a los chinos no les interesaba ni explorar ni conquistar nuevas tierras, ya que dentro de su propio país tenían suficiente para comer y todo lo necesario para vivir.

A partir de ese momento vuelven a cerrar, como sucedió en el pasado.

En 1912 termina la dinastía Qing y en 1923 comienza una guerra civil entre comunistas y nacionalistas.

Sigue la invasión japonesa, el fin de la Segunda Guerra Mundial, después de la guerra, la victoria de los comunistas sobre los nacionalistas (que se refugian en la isla de Taiwán) y China vuelve a convertirse en un país unido pero esta vez bajo gobierno comunista.

China en los años que siguen librará guerras indirectas con Estados Unidos primero en Corea y luego en Vietnam, por lo demás, como de costumbre, seguirá desinteresada en otras conquistas directas alrededor del mundo.

Mao Zedong, el fundador del Partido Comunista Chino, luego de la larga guerra civil contra los nacionalistas, primero lideró una campaña de industrialización forzada, que no funcionó, luego otra campaña para la agricultura, que tampoco funcionó, la consecuencia de estos dos "laboratorios sociales y económicos" forzados fue la muerte por hambre de 45 millones de personas, estas campañas duraron hasta el 1962.

Siempre por iniciativa de Mao otros 1,5 millones murieron más tarde durante la Revolución Cultural.

Sobre este período, una famosa frase de Mao dice: "Cuando no hay suficiente para comer, la gente se muere de hambre; por eso es mejor dejar morir a la mitad de la población, para que la otra mitad pueda comer".

Después del hambre, la revolución cultural, que duró de 1966 a 1976, representa uno de los momentos más oscuros de la historia moderna de la humanidad, fue una gran tragedia para China, un acto de barbarie absurda, la destrucción física de un pasado milenario, la destrucción de todo conocimiento y cultura. El objetivo era destruir el alma de un pueblo y sus antepasados para hacer el "nuevo" hombre.

La idea era que había cuatro cosas viejas que destruir: la vieja cultura, la vieja ideología, los viejos hábitos, las viejas tradiciones.
Se destruyeron textos antiguos, monumentos, obras de arte que hoy serían patrimonio de la humanidad y por tanto no solo bienes chinos, una herida profunda que todavía hoy no puede no dejar de tener consecuencias. Además, todos aquellos que habían estudiado algo e incluso tenían un poco de cultura fueron asesinados o hechos prisioneros. Un trauma enorme para toda la sociedad China.

Tras la muerte de Mao en 1978 llega un gran líder chino, Deng Xiaoping, que dirigirá China hasta su muerte en 1997.
Deng normalizo las relaciones con Estados Unidos, negocio y llego a un acuerdo con los británicos para el regreso de Hong Kong a China

con el método de "dos sistemas un país" e hizo todas las reformas necesarias para la introducción del mercado libre, motor del desarrollo Chino.

Con él comienza un período de apertura y prosperidad para China.

Una frase significativa y curiosa de este líder dice:

"Observa y afianza nuestra posición, abordar los negocios con tranquilidad. Oculta nuestras habilidades y espera nuestro tiempo, hay que ser hábiles en mantener un perfil bajo y nunca reclamar el liderazgo".

El actual presidente chino, Xi Jiping, a diferencia de Deng Xiaoping, no mantiene un perfil bajo y quiere reclamar un liderazgo fuerte para él y China. El cambio de estrategia durante el gobierno Xi es total.

En la historia de China, aunque todavía activo, Xi Jiping también es un líder muy importante y significativo, que ya se perfila como una figura de grandísima importancia.
Su historia política comienza  de niño con un padre que es miembro del Partido Comunista y que será depurado durante la revolución cultural.

Xi Jiping, como hijo del depurado, fue enviado a trabajar en el campo en ese momento.

Después de la muerte de Mao, las cosas cambiaron para él y su familia y pudo reingresar al Partido Comunista pero con algunas dificultades.

Desde su ingreso, comenzó una carrera ascendente hasta convertirse en presidente de China en 2013.

En los primeros años de su mandato, hizo arrestar a 1,5 millones de personas por cargos de corrupción.

Al hacerlo, consolidó enormemente su poder al interior del partido.

Bajo su gobierno nacieron todas las iniciativas que están transformando el mundo y de las que hablaremos más adelante, incluyendo "Made in China 2025", 5G, "Road and Belt", la construcción de islas artificiales en el Mar de China Meridional y el considerable aumento en el crecimiento de las fuerzas armadas.

Se convirtió en un líder vitalicio al abolir el límite de mandato en 2018.

Xi Jiping es el hombre fuerte de China hoy, al igual que Mao y Deng Xiaoping en su tiempo.

En los últimos tiempos, Xi Jiping ha acelerado su estrategia y parece muy decidido a no desaprovechar la crisis que se presenta con la pandemia de coronavirus.

# CAPITULO 11
## La gran muralla

Empecemos con una pregunta. ¿Por qué los chinos no han construido castillos durante su historia? (En realidad esto no es del todo cierto: construyeron algunos castillos, pero estamos hablando de obras menores y en parte relacionadas con su muralla).

Esta pregunta puede parecer trivial, pero en realidad es importante y sigue siendo importante hoy porque esconde un enfoque político, social, militar y estratégico completamente diferente al de la historia de Europa y gran parte del mundo.

Se podría empezar a responder que los castillos nacieron en Europa en la Edad Media especialmente para una sociedad feudal mucho más individualista que la China que, históricamente, siempre ha tendido a ser una sociedad con una estructura                más                colectivista.
En la Edad Media en Europa se construyeron castillos para proteger al noble que tenía su propio

ejército privado que se usaba para defenderse de otro noble, a su vez con un ejército privado.

El rey era generalmente una figura central, pero dependía en gran medida del apoyo de estos nobles.

En la sociedad china en miles de años han habido y todavía hay dos escuelas principales de pensamiento: el confucianismo y el legalismo, que ya hemos mencionado. Mientras que el confucianismo enfatiza la importancia de los roles de cada uno, el legalismo en cambio cree en la importancia de una burocracia muy estricta, rigurosa, firme en sus principios y que no hace concesiones, todo ello ligado a una fuerte ideología rectora: sobre todo había un emperador muy poderoso que nadie podía poner en discusión.

El Emperador tenía un papel reconocido y apenas debatido, por lo que no necesitaba de ningún castillo protector.

A esto le sumamos que hubiera sido difícil y contraproducente para los señores feudales poder disponer de todo el dinero necesario para construir castillos.

De hecho, podían ser ricos y poderosos, pero hasta un cierto punto, ya que siempre tenían que mantener un papel y una posición de subordinados

al poder central, el emperador era una fuerza enorme que nunca fue desafiada ni cuestionada.
Es por esto que los palacios en China generalmente no están fortificados.

En lugar de castillos, entre el 215 a.C. y 1400 d.C., en China se construye la mayor obra de ingeniería militar jamás construida. Una serie de murallas con fuertes dispuestos a intervalos regulares a lo largo del recorrido, de 8850 km de longitud, pero, si se incluyen todas las ramificaciones, llego a tener un desarrollo total de 21,196 km. entre murallas, trincheras y defensas naturales.

La Gran Muralla China es una gigantesca construcción de ladrillos. Esta masiva y costosa obra tenía la función de proteger las fronteras norte del país y conectar una serie de fortalezas.
Un camino pasa por encima de la gran muralla para permitir a los mensajeros en caso de peligro dar la alarma y hacer que las tropas corran facilmente de un sitio a otro en caso de invasión.

La función de la gran muralla era servir como una frontera infranqueable contra las tribus nómadas, en su mayoría de origen mongol, que continuamente amenazaban con invadir China.

La muralla más que cualquier otra cosa, representa la existencia milenaria del imperio chino y ahora la existencia de la República Popular China. Esa muralla es la esencia de China.

En los motivos de la construcción de la muralla encontramos una estrategia que no es solo militar sino también política, económica y cultural.

Si bien muchos países e imperios en el mundo y en la historia han construido marinas y grandes ejércitos terrestres y siempre han tratado de expandir sus fronteras y su influencia territorial, China siempre ha tenido como prioridad el objetivo de bloquear fuera de su territorio, en la frontera, a los extranjeros y enemigos potenciales.

La idea estratégica es que China necesitaba la muralla para poder desarrollar casi siempre en gran secreto, todo lo necesario para vivir.

Un país grande, muy autosuficiente pero mayoritariamente cerrado o, dicho de otra forma, de muy difícil acceso y poco interesado en los demás.

Hay que decir que si en el transcurso de muchos siglos esta estrategia ha resultado exitosa después de todo, habiendo estado China en muchas cosas por delante de las demás, el modelo falló cuando inició la revolución tecnológica y la revolución industrial en los siglos XIX y XX, este cierre y "autosuficiencia" de China significó que se quedara muy atrás. Este hecho la debilitó hasta el punto de provocar los famosos 100 años de humillación y la posterior invasión de los japoneses. A esto hay que sumarle el error de no haber desarrollado una marina importante por siglos, dejando sus costas abiertas a cualquiera.

Volviendo al día de hoy en realidad la estrategia de la gran muralla no ha quedado como un legado del pasado sino que se ha actualizado, modernizado y sigue siendo relevante hoy en día de una manera que deja fascinado y también muy perplejo, por la increíble continuidad con la que los chinos se han comportado durante miles de años.

Partido Comunista si o Partido Comunista no, los chinos, más que como comunistas, en muchas cosas, se comportan más como chinos.

Si nos remontamos a 1972 con el primer viaje de Nixon a China, a la apertura china de esos años y a las necesarias aperturas económicas y políticas de Deng Xiaoping, notamos que solo en ese primer período de cambio China abandonó parcialmente aquellas que siempre han sido sus lineamientos desde un punto de vista estratégico.

Desde el inicio de 1980 y hasta el 15 de abril de 1989, China tenía una apertura bastante amplia en todos los campos: junto con las inversiones la información llegaba de todo el mundo, pero también junto a las inversiones llegaron a China el conjunto de grupos de extranjeros interesados en temas especificos y lobistas. Llegaron muchas organizaciones no gubernamentales (ONG), cada una financiada nunca se sabe muy bien por quién, promoviendo sus ideas, todo tipo de partidos políticos internacionales, iglesias y sindicatos, cada uno buscando su propio espacio dentro de China.

Todo ello ha propiciado que hayan comenzado a circular ideas distintas a las del gobierno y esto ha impulsado la petición de una buena parte de la sociedad china de una mayor apertura desde el punto de vista de la democracia y los derechos humanos.

Esta situación llevó, como ya había sucedido en la Unión Soviética con la caída del comunismo y la entrada de muchas fuerzas internacionales allí también, a manifestaciones callejeras y pérdida de poder por parte del gobierno central.

La consecuencia de esto fuè que el gobierno Chino reaccionò con una fuerte represión, para evitar el riesgo de perder el control.

A partir de ese momento, China regresa a su sistema habitual, la tradicional estrategia de la gran muralla, para evitar la influencia extranjera.

Después de Tiananmen, el Partido Comunista Chino básicamente entendió lo siguiente.

En primer lugar, esa apertura al mundo era muy importante, dada la situación de subdesarrollo de China, pero tenía que enfocarse solo en los aspectos comerciales, tecnológicos y financieros; en segundo lugar, que tenía que evitar o separar de esta internacionalización los aspectos relacionados con la importación de la democracia y de derechos humanos.

La conclusión, como chinos más que comunistas fue que el gobierno chino estaba siendo atacado por el pueblo chino vinculado a gobiernos y organizaciones de países extranjeros y esto no era aceptable.

Por último, pero no menos importante, pensando como comunistas, entendieron que el papel del partido era mostrar que estaba mucho más vinculado a las necesidades del pueblo.

A continuación una descripción de cómo funciona
el sistema chino que consta de cuatro murallas.

# CAPITULO 11.1
## Primera muralla: control político

Es necesario imaginar en el centro del conjunto un gran círculo, dentro del cual se ubican la sociedad y la economía china, círculo que es el motor del gran desarrollo de China, desde el inicio de las reformas para el nuevo rumbo económico esta parte del circulo es una gran y dinámica fuerza. Dentro de este primer círculo está el capitalismo puro, el mercado libre sin restricciones, compuesto por muy pocas reglas; hay libertad absoluta, en este círculo esta la máquina que produce la gran riqueza que ha llevado a China en tan solo unos años a ser el poder de hoy.

En los años 90 y hasta principios del 2000 era un mercado completamente salvaje, hay que imaginarse una población de 1400 millones de personas que, hasta pocos años antes, vieron morir de hambre a más de 50 millones de sus conciudadanos. Un pueblo acostumbrado a sobrevivir y a comer cualquier cosa para sobrevivir. Un pueblo que tiene en sí mismo el DNA del comercio, la laboriosidad y la fuerza de la unidad familiar, no solo como apoyo social sino también como unidad económica.

Un día, después de tantas dificultades y penurias, a estas personas se les dice que si quieren pueden crear su propia empresa, ponerse a trabajar e incluso hacerse ricos.

En ese momento, se desato una increíble cantidad de energía como pocas veces se han visto en la historia de la humanidad.

En los primeros años, los salarios eran muy bajos, a nadie le importaba la contaminación del aire o de los ríos, el control de la calidad de los productos, los derechos de los trabajadores y mucho menos el respeto de la propiedad intelectual. Lo normal era dormir en el puesto de trabajo, trabajar siete días a la semana sin tomarse nunca vacaciones durante el año, copiar, maquillar, lo que se necesitaba se hacía. Todo valía en esos años.

Comienzan a llegar las primeras inversiones de empresas principalmente europeas, americanas y japonesas, que son atraídas principalmente por dos cosas:

Los bajos costos de producción y el interés por el mercado chino dada la enorme población y su crecimiento económico exponencial.

En realidad, por varios años las cosas siguen siendo muy dinámicas pero todo se mantiene a la expectativa hasta 2001, cuando finalmente China es admitida en la Organización Mundial del Comercio.

De ahí en adelante la China explota, en ese momento comienza un proceso de traspaso de la producción mundial a China que, sin duda, representó el mayor drenaje económico de recursos en la historia de la humanidad, realizado no por China sino por las élites político-financieras europeas y americanas, una cosa que no se había visto nunca antes.

La consecuencia es una aceleración exponencial del poder y el crecimiento económico de China.

Las condiciones "de capitalismo salvaje" han cambiado algo a lo largo de los años. Por ejemplo, China ha mejorado mucho con respecto a la contaminación. Muchas empresas han crecido de pequeñas a grandes y de grandes a gigantes.

El gobierno interviene de manera indirecta con referencia a las empresas que considera estratégicas, lo hace dominándolas, protegiéndolas y ayudándolas.

Dentro de este gran primer círculo también está toda la sociedad civil china con su vida diaria.

Alrededor de este círculo está el primer muro, el del control político. Después de los acontecimientos de Tiananmen, todas las organizaciones no gubernamentales, partidos políticos, organizaciones religiosas, organizaciones sindicales internacionales fueron eliminadas o reducidas al mínimo. Dentro de este primer círculo, como hemos dicho, todo está permitido, sobre todo desde el punto de vista económico y social, lo único que no está permitido es el disenso contra el gobierno y las acciones que se opongan a las decisiones del gobierno.

# CAPITULO 11.2
## Segunda muralla: el firewall

En tecnología de la información, un firewall es un muro digital, un sistema de protección que defiende una red conectada a Internet del acceso no autorizado.

Después de Tiananmen, China hizo grandes inversiones para crear el muro digital más grande del mundo.

En definitiva, China ha creado un sistema de mundo digital fotocopiando todos los componentes de los que se utilizan en todo el mundo. Esto le da la oportunidad a los ciudadanos Chinos hacer todo lo que hacemos en los demás países del mundo con la red.

La diferencia es que este sistema es un sistema cerrado por un muro FIREWALL que no permite que ninguno de los que están dentro China se conecte directamente con el sistema externo internacional.

Esto significa que los sitios web como Google, YouTube y Facebook en China no están activos. Alternativamente, existen versiones chinas como Bai, Alibaba, Tencent y otras, con este sistema el gobierno chino regula Internet y protege a sus ciudadanos de lo que ellos mismos definen como "contenidos peligrosos".

Con la evolución de la tecnología, el sistema se ha vuelto cada vez más complejo y hoy en día está controlado en gran medida automáticamente por un sistema de inteligencia artificial.
Si alguien en China escribe hoy Bitcoin, Winnie the Pooh, Tienanmen, la solicitud se bloquea o se desvía a otros temas.

Para que este muro sea efectivo se utilizan tres métodos.

El primero es bloquear automáticamente las direcciones IP.

El segundo es perturbar o cambiar la respuesta de los servidores con la dirección de un dominio específico.

El tercero es un método manual de dos niveles:

Primer nivel, según las leyes chinas, las empresas son totalmente responsables del contenido que entregan a través de sus servicios; para ello, cada empresa utiliza a miles de personas para controlar este contenido y evitar la divulgación de temas prohibidos.

Segundo nivel, el gobierno trabaja directamente con la policía, el ejército y emplea a miles de personas que patrullan la web en busca de información prohibida para bloquearla y denunciarla.

Este sistema de FIREWALL ha sido muy útil para el gobierno al evitar la llegada de información del exterior que podría alterar potencialmente el orden social dentro de China.

Pero este sistema no fue diseñado solo para este propósito.

Primero, es un sistema tan grande y extenso que es una gran fuente de trabajo.

Segundo, también se concibió para desarrollar un conjunto completo de servicios y alternativas de aplicación de manera protegida, completamente superpuestos a los mismos servicios idénticos nacidos en el extranjero, en particular en Estados Unidos.

Esto ha servido para evitar la competencia interna protegiendo el mercado chino, pero también para ofrecer estos servicios como alternativa a nivel global, así por ejemplo: Google se parece a Bai, Amazon se parece a JD, Taobad o Alibaba, YouTube se parece a Youku y Facebook se parece a Wechat, etc. Todas las empresas conocidas entre las empresas tecnológicas globales en China tienen una empresa competidora casi idéntica.

Si bien para una gran parte de la población china este hecho no se percibe como un problema, ciertamente para el resto del mundo y para algunos chinos, independientemente del tema político, sí lo es. El sistema es una barrera para poder obtener por ejemplo información comercial y científica, bloqueando el contenido de información del mundo necesario para avanzar con la investigación y el progreso. Esto se vuelve muy grave si China se convierte en el líder tecnológico y científico del mundo, unarealidad que ya está sucediendo a gran velocidad en los últimos años.

# CAPITULO 11.3

## Tercera muralla: el control del movimiento de capital

Hacia finales de 2015, las autoridades chinas decidieron imponer controles importantes sobre los movimientos de capital y lo hicieron para evitar que los chinos ricos (personas físicas y morales) sacaran su dinero de China.

Las medidas incluyen restricciones a las inversiones chinas también en el sector inmobiliario dentro del país y en el extranjero.

China mantiene un estricto sistema de control del comercio exterior, lo que significa que los fondos que llegan del exterior o salen de China están totalmente regulados.

Desde entonces ha sido muy difícil para las empresas extranjeras que trabajan en China repatriar sus ganancias.

En los Estados Unidos, actualmente existe cierto debate sobre si en muchas grandes corporaciones con empresas en China, las ganancias se contabilizan en la distribución de bonificaciones para directores y dividendos para accionistas. Existen opiniones contradictorias sobre este tema que afirman que en realidad estos beneficios no pueden considerarse beneficios normales, ya que están congelados dentro de China y por tanto, en realidad, no están disponibles. Este argumento no es trivial porque, si este principio se aprobara en los Estados Unidos, el interés en invertir en China disminuiría sustancialmente[1].

Después de la crisis de las hipotecas de alto riesgo de 2007-2008, China también se encontró en grandes dificultades y desde entonces la respuesta ha sido volver a crear un gran muro de protección para su sistema financiero.

Todas las empresas chinas tienen prohibido enviar información sobre su estado real desde un punto de vista financiero y contable al extranjero.

Dado que China tiene un sistema financiero cerrado y por lo tanto, los bancos no pueden sacar dinero del sistema, esto les permite hacer cosas que no se pueden hacer en otros países con un sistema abierto. Por ejemplo, en China no hay ejecuciones hipotecarias si un cliente no paga la hipoteca; en lugar de privarlo de la vivienda, la deuda que el cliente no pudo pagar se coloca en la cola de la hipoteca y se le permite permanecer en la misma vivienda[2].

En conclusión, podemos decir que este muro financiero consiste en un sistema que evita que los chinos ricos se fuguen con dinero de su país y que las empresas extranjeras que operan en China también escapen  sacando dinero del sistema, esta también es una forma de controlar y gestionar las inversiones que realizan las empresas extranjeras en China, que permite al gobierno Chino una gestión muy flexible dentro de China, sin tener que considerar los mercados financieros internacionales.
El yuan se utiliza principalmente como moneda nacional, mientras que el dólar y otras monedas se utilizan para pagar las importaciones.

El sistema chino también ejecuta  un mayor control sobre la fluctuación de su moneda para hacerla más competitiva y además mantiene internamente la información más crítica que puede generar reacciones financieras incontrolables.

# CAPITULO 11.4 Cuarta muralla: la ley de empresas nacionales y extranjeras

La cuarta muralla es la de la ley china que se refiere a las inversiones extranjeras que, si bien el gobierno chino afirma haberla modificado y mejorado, según han declarado muchas empresas que invierten en China, siempre tienden a favorecer la transferencia de conocimientos así como a las empresas locales.

Algunos aspectos de este fenómeno son: incumplimiento de la propiedad intelectual, transferencias forzadas de tecnología por contrato, obligación de revelar secretos técnicos, comerciales o confidenciales de negocios.

Por ejemplo, una de las últimas leyes aprobadas por el parlamento chino es la ley de ciberseguridad, creada para la protección de datos, que obliga a todas las empresas extranjeras a mantener todos los datos recopilados, incluso los comerciales, en China.

Por ley los datos relacionados con el mercado interno no se pueden exportar y por supuesto, esto crea ventajas competitivas para las empresas que solo son chinas en detrimento de las extranjeras.

Además, como ocurre en muchos otros países, surge el problema del idioma y la interpretación de los contratos. 1 Muchas empresas se han quejado de cierta tendencia a ofuscar y confundir a través de las traducciones al idioma chino, no siempre acorde con la versión en idioma extranjero.

Finalmente, hay que recordar que de acuerdo con una ley de seguridad nacional, las empresas y los ciudadanos chinos están obligados a hacer lo que el gobierno exija. Bajo el paraguas de la seguridad nacional pueden existir miles o millones de aspectos técnicos o comerciales críticos que forman parte del patrimonio de una empresa que por esta ley deben ser divulgados si el gobierno lo solicita.

# CAPITULO 12
## Desarrollo de alta velocidad

"La mayor contribución hecha por China a toda la humanidad ha sido prevenir el hambre de 1300 millones de personas", Xi Jinping hablando en México hace unos años.

No se puede dejar de aplaudir enérgicamente el hecho de que en los últimos treinta años China haya logrado sacar de la pobreza a 800 millones de personas y también admirar el hecho de que en treinta años haya pasado de un producto interno bruto de 361 mil millones de dólares a 14 trillones en 2019[3]. Solo para tener una idea de comparación, el PIB de Estados Unidos en 2019 fue de unos 20 trillones de dólares.

Al ritmo al que va creciendo, con una población que es 5 veces la de Estados Unidos, 3 veces la de Europa y con todo lo que está haciendo, es muy difícil que China no se convierta en la primera economía del mundo en unos años.

Esto es un hecho. Por el momento es sin duda el mayor milagro económico de la historia de la humanidad.

Para tener una idea del desarrollo exponencial de China, a continuación se dan algunos ejemplos que muestran la velocidad y el tamaño de lo logrado en los últimos años.

Tomemos por ejemplo los trenes de alta velocidad: en 2008, durante los Juegos Olímpicos que se celebraron en China, el país había construido una línea de tren de alta velocidad de 120 km de largo desde la capital, Beijing, a otra ciudad cercana para este evento. En ese momento, era la única línea disponible en toda China. Doce años después, China posee 36.000 km de líneas de alta velocidad con miles de trenes y maneja millones de pasajeros al año. Trenes que viajan entre 200 y 300 km por hora.

Estos 36.000 km corresponden a dos tercios de la disponibilidad de líneas de alta velocidad en el mundo, si sumamos los kilómetros de Japón a los de Europa llegamos a apenas un tercio de lo que tiene China[4]. Además, en los últimos años ha sido el único país del mundo que cuenta con una línea de trenes Maglev, trenes de "levitación magnética", capaces de alcanzar velocidades máximas de 600 km por hora.

Si comparamos todo esto con la situación del tren de alta velocidad que se está construyendo en California para conectar Los Ángeles con San Francisco, observamos que el proyecto fue aprobado en 2008, no estará listo hasta el 2029 con cinco años de retraso respecto a lo que esperado y con un costo adicional de varios millones de dólares[5].

Durante los últimos veinte años, China ha podido construir unos 5.012.000 km. de carreteras ordinarias y una red de autopistas de 149.600 km., mucho más larga del 56% si comparada con la red estadounidense, a las carreteras y autopistas se añaden impresionantes cruces, puentes y grandes tuneles[6].

En cuanto a los vehículos eléctricos, China posee ahora el 47% de la flota de automóviles y 65% de la flota de vehículos comerciales ligeros mundial[7].

En lo que respecta a la educación, a principios de los años sesenta aún existía mucho analfabetismo. Hoy en día, el 95% de las personas al menos saben leer y escribir.

El país alberga muchas universidades y su politécnica más importante ya ha pasado el famoso

MIT estadounidense. En cuanto a la duración de la vida, ha pasado de un promedio de 36 años en la época de Mao a 76.9 años en la actualidad[8].

En 1980, China exportó 11 billones, en 2020 2641 billones[9].

En 15 años ha construido la misma cantidad de casas que las que existen en toda Europa[10].

**De 2010 a 2013, en solo tres años, China consumió más cemento que todo lo consumido en Estados Unidos en el siglo XX[11].**

Hacia fines de la década de 1990, principios de la de 2000, su economía producía principalmente productos de bajo costo. En 2003 produjo el 7% de la manufactura de alta tecnología a nivel mundial (productos de alta tecnología), en 2014 produjo el 27%, cuando en el mismo período de tiempo América pasó del 36% al 29% del producto de alta tecnología a nivel mundial[12].

En 2015, China registró el doble de solicitudes de patentes con referencia a la robótica en comparación con Estados Unidosyademás utilizó 2,5 veces más robots en comparación con Estados Unidos.

En 2019 fue el primer país del mundo en inversiones en investigación y desarrollo[13].

A finales de la década de 1990, durante el gobierno de Clinton, nunca quedó claro por qué el gobierno de Estados Unidos autorizó la venta de supercomputadoras a China, elementos estratégicos desde el punto de vista militar e industrial. La consecuencia fue que en 2013 China ya podía construirlos por sí misma, al principio lo hizo comprando los componentes en América, hoy exclusivamente con componentes chinos, el número de supercomputadoras en China ronda las 226, una cifra superior a los supercomputadores disponibles en Estados Unidos que son solo 114[14]. Las supercomputadoras chinas también están entre las cinco más rápidas del mundo. La primera es japonesa, la segunda y tercera Estados Unidos, la cuarta y la quinta Chinas según datos del 2020[15].

Han surgido cientos de nuevas ciudades por toda China con edificios de apartamentos, parques, todo tipo de comodidades, pero todas vacías. Se habla de 50 millones de viviendas. Parece que hay un plan de gobierno que quiere traer 300 millones de habitantes del campo a las ciudades[16].

# CAPITULO 13
## Made in China 2025

Made en China 2025 es un plan estratégico lanzado por China en 2015. La idea básica es transformar la economía china de una fábrica de productos de baja tecnología a un líder mundial absoluto en el campo de productos de alta tecnología.

Un objetivo muy ambicioso que supondría en la práctica el dominio total por parte de China de toda la industria manufacturera y por supuesto, como consecuencia desde el punto de vista militar, el dominio total a nivel planetario.
Esto no significa que China quiera abandonar su actual posición como fábrica en el mundo de bienes "básicos" que se producen con bajos costos laborales y ventajas para las empresas extranjeras desde el punto de vista de la cadena de suministro de las grandes multinacionales.

Por ejemplo, China quiere volverse completamente autónoma en sectores estratégicos como el aeroespacial, la fabricación de semiconductores, etc. El objetivo de "Made in China 2025" incluye aumentar la participación china en la construcción de materiales básicos de alta tecnología al menos del 40% para fines de 2020 y al menos el 70% en 2025. Otros ejemplos de industrias en las que los chinos están interesados son las industrias farmacéutica, automotriz, de tecnología de la información y de robots. Todos los sectores que hoy están en manos de empresas extranjeras y en los que el gobierno chino está invirtiendo directamente miles de millones de dólares para implementar el plan.

Este plan, así como el que veremos más adelante en el "Belt and Road", no está diseñado e implementado solo para dominar una industria o sector, sino también porque el gobierno quiere consolidar su legitimidad y la forma de hacerlo es mantener gente ocupada, manteniendo el pleno empleo de la población.
Este sigue siendo el objetivo más importante de todos los objetivos del gobierno chino porque se considera a la base de la estabilidad política y social.

Hay 10 industrias o sectores tecnológicos que China pretende dominar. Estos son los sectores más importantes, ninguno excluido. (Era mejor si los chinos decían claramente que quiere dominar el mundo, porque esa será la consecuencia).

Veamos cuáles son estos 10 sectores.

Primer sector: tecnologías de la información y telecomunicaciones (Information Technology). Estamos hablando de computadoras, supercomputadoras, redes, plataformas diversas, software, componentes electrónicos de todo tipo, microprocesadores, semiconductores, en definitiva, lo que representa el alma del mundo digital.

Segundo sector: robótica e inteligencia artificial. La robótica se refiere a los diferentes tipos de máquinas, desde robots antropomórficos utilizados en la industria hasta drones, robots para aplicaciones médicas hasta todo tipo de máquinas capaces de reemplazar a los humanos o simular el pensamiento humano. Todo esto es posible gracias al uso de la mecánica, pero también de las tecnologías de la información.

Tercer sector: Energía verde, vehículos ecológicos.
Este es un sector muy amplio que incluye la construcción de máquinas y vehículos eléctricos,

paneles solares (de los cuales China ya es líder mundial en la actualidad), energía eólica, etc.

Cuarto sector: Aeroespacial, se refiere a la aeronáutica y espacial con la construcción de cohetes como sistemas de transporte hacia y desde el espacio, satélites de telecomunicaciones para uso militar, estaciones espacialespara hacer experimentación y producciones industriales con nuevos materiales.

Quinto sector: Ingeniería naval. Aquí el campo es enorme, desde la construcción de barcos totalmente automáticos y guiados por inteligencia artificial, hasta toda la construcción de infraestructura en la superficie del mar, la construcción de infraestructura submarina, la explotación de minerales y recursos energéticos submarinos, nuevos sistemas de pesca, piscifactorías y cultivaciones de todo tipo en el mar.

Sexto sector: El ferroviario, China ya es líder en éste pero se habla más de trenes de levitación magnética de muy alta velocidad, trenes automáticos impulsados por inteligencia artificial, vagones construidos con nuevos materiales como compuestos, nuevos tipos de locomotoras, nuevos tipos de vagones, nuevos conceptos para trenes de mercancías, de superficie y subterráneos, nuevos vehículos híbridos que se mueven por carretera y ferrocarril, nuevostransportes de alta capacidad que evitan el tráfico sin necesidad de una infraestructura especialmente importante.

Séptimo sector: Equipos de Energía, abarca desde todas las infraestructuras, máquinas y materiales necesarios para la generación de energía en todos los campos (desde la nuclear hasta los derivados del petróleo, gas, energía hidroeléctrica, carbón) así como todo lo que se refiere a industria energética desde la extracción y procesamiento de petróleo, gas y carbón, hasta su transporte, refinación y distribución.

Octavo sector: Nuevos materiales, es muy importante. Básicamente se trata de la invención y diseño de nuevos materiales. Genera aplicaciones en todos los campos: desde el sector aeronáutico hasta el automovilístico, en medicina, en artículos deportivos, en moda, en construcción de todo tipo, pasando por la creación de nuevos materiales mediante el reciclaje.

Noveno sector: Medicina, que engloba a toda la industria farmacéutica, el mercado de equipos médicos de todo tipo, máquinas para hacer diagnósticos, para el tratamiento de pacientes y equipos para hospitales.

Décimo sector: Maquinaria agrícola de todo tipo, para el proceso de siembra, cosecha, riego, fertilización, agricultura vertical, biotecnología, maquinaria para el procesamiento de alimentos, envasado, etc.

Cabe señalar que la mayoría de estos sectores están completamente interconectados entre sí, es así como el control de unos sectores favorece el control de otros y cómo los descubrimientos en unos impactan a otros.

Como ya se mencionó, el gobierno chino para implementar este plan está otorgando a las empresas chinas subsidios directos, recortes de impuestos y préstamos a bajo interés. Se promueve la participación en empresas líderes de particulares y gobierno y sobre todo busca obtener tecnología del exterior a través de operaciones del tipo fusiones y adquisiciones o joint ventures. Por último, para atraer empresas internacionales en teoría también se habla de liberar más el mercado y mejorar la protección intelectual.

En cualquier caso, el plan chino tiende a ser proteccionista. Digamos que está abierto y promueve la entrada de empresas extranjeras porque obviamente está muy interesado en su tecnología, pero la idea es que todo lo que se desarrolla dentro de China se quede dentro de China.

Digamos que este plan tiene como objetivo asegurar que China pueda atraer principalmente empresas japonesas, alemanas, italianas, surcoreanas y estadounidenses y luego fusionarlas con el tiempo con el mercado chino.

Las críticas más importantes que se hacen desde fuera de China a este modelo son las siguientes.

En primer lugar, la fuerte intervención del gobierno chino trae como consecuencia que pone a todos los competidores extranjeros en una gran desventaja.

En segundo lugar, todas las adquisiciones de empresas no chinas realizadas por China se realizan con la intención de adquirir su tecnología.

En tercer lugar, el hecho de que China sigue obligando a las empresas extranjeras que trabajan en el mercado chino a realizar acuerdos con empresas locales que impliquen la transferencia de su tecnología dentro de la empresa conjunta a la empresa china.

La ley china y el sistema judicial chino pueden obligar a la empresa extranjera a transferir su tecnología. Si esta transferencia no se produce, se prohíbe el acceso al gran mercado chino (FTT - Forced Technology Transfer).

# CAPITULO 14
## Belt and road initiative

Este proyecto chino, también llamado "la ruta de la seda", porque recuerda los antiguos caminos de conexión entre China y Europa, China, Asia y Europa y Asia Central, fue lanzado por el presidente Xi Jinping en 2013.

Para hacernos una idea de su tamaño, se sabe que a mediados de 2020 ya había miles de proyectos de infraestructura por valor de 1 a 3,94 trillones de dólares (a modo de comparación, el PIB de Alemania en 2019 fue de 3,86 trillones de dólares). Este ya es el proyecto de infraestructura más grande y extenso de la historia[17].

Este proyecto estratégico para China tiene muchos componentes y muchas justificaciones que comenzamos a describir.

Como vimos en el capítulo de su muy rápido desarrollo, China ha construido en pocos años, dentro de su territorio, cientos de ciudades, miles de kilómetros de carreteras y autopistas, líneas ferroviarias de todo tipo, puertos gigantes, cientos de aeropuertos, puentes, túneles, rascacielos y más.

China hoy en este sentido, se parece mucho a los Estados Unidos de la década de 1940, que en dos o tres años fue capaz de construir el ejército, la fuerza aérea y la armada más grandes, poderosos y tecnológicamente avanzados que el mundo jamás había conocido.

Para hacer todo lo que ha hecho, China ha tenido que crear una gran industria siderúrgica, una gran industria del cemento y grandes empresas de ingeniería para las obras de construcción. En resumen, un enorme "ejército", con toda la logística necesaria.

El haber construido todos estos proyectos internamente ha llevado a China a formarse una grande experiencia. El otro componente es que en con estos proyectos se genera mucha mano de obra y mucho trabajo de todo tipo en general y como ya hemos repetido, para el gobierno chino, es sumamente importante seguir manteniendo el pleno empleo para consolidar la estabilidad y legitimidad del régimen.

El tercer componente es de tipo logístico-comercial. La idea es crear o mejorar una red de comunicación terrestre, una red marítima y otra digital, para aglutinar todos los territorios necesarios para el transporte de las exportaciones desde China a Europa a través del Asia central, para el sur de Asia, para el Medio Oriente o para África.

Por lo tanto, el objetivo es también incrementar y facilitar las exportaciones reduciendo el costo de transporte y al mismo tiempo facilitar todo lo relacionado con la necesaria importación de materias primas de otros países, creando rutas de suministro más rápidas y seguras para China.

La cuarta razón es política, económica y militar.

Política porque al llevar a cabo estos proyectos, China une a si misma todos los países en los que desarrolla los proyectos.

Económico porque se crea un vínculo con estas economías, que en todo caso indiscutiblemente si el proyecto está bien pensado podría ver crecer sus economías internas y al hacerlo, en teoría, se crearían nuevos mercados para las exportaciones chinas.

Militar porque en muchos de estos acuerdos también hay un componente militar que facilitaría a China, la apertura de bases navales, otro tipo de bases o apoyo logístico.

Muchos han criticado estos proyectos argumentando que para muchos países, especialmente los pequeños o más pobres, en muchos casos lo que China pone en marcha son trampas de deuda, con las que los chinos construyen proyectos que ya saben que el país en cuestión no va a ser capaz de pagar y cuando éstese declara incapaz, China como compensación, se hace transferir derechos sobre recursos o porciones de territorio, con pérdida parcial o total de soberanía en varios casos incluso por tiempos que van hasta 99 años.

Algunos ejemplos: Sri Lanka tuvo que ceder un puerto, Nigeria a cambio de un ferrocarril concedió la aplicación de la ley china en su territorio y si no paga tendrá que vender el puerto más grande de África Oriental. Para pagar una presa y una central hidroeléctrica, Ecuador debe vender el 80% de su petróleo a los chinos a un precio con descuento[18].

En varios casos se sospecha que ha existido corrupción y complicidad por parte de políticos locales.

La iniciativa que lleva este nombre (Belt and Road Initiative) no se ha limitado a Asia, partes de África y Europa, sino que también se han incluido muchas islas y países. En el 2020, ya hay 65 países incluidos, con la adición de varios estados de América Latina, algunas islas del Pacifico y entre otros[19].

# CAPITULO 15

## 5G y tierras raras

La nueva tecnología 5G, junto con el control del conjunto de minerales denominados "tierras raras", constituyen la mayor ventaja competitiva, estratégica, económica, política, militar y tecnológica que China tiene hoy sobre el resto de países del mundo.

Comencemos con las tierras raras que en realidad son un grupo de 17 elementos químicos de la tabla periódica que incluyen, por ejemplo, escandio, lantano, cerio, tulio, erbio y otros. Las tierras raras son importantes porque son fundamentales para la construcción de superconductores, imanes, aleaciones metal de alto rendimiento, fibra óptica y muchas otras cosas.

Desde un punto de vista militar, es imposible sin el uso de estos elementos, construir cualquier tipo de avión, misil, tanque, buque de guerra, satélite, computadora, prácticamente todo lo que se hace con tecnología. Estos minerales son esenciales y transversales para todo lo que es fundamental en el mundo de las nuevas tecnologías.

China ahora controla el 87% de la producción mundial de estas tierras raras[20]. Esto significa que en la práctica, si quisiera, tendría en el bolsillo la posibilidad de bloquear, en cualquier momento, la economía, la industria o el aparato militar de otro país competidor, para ello bastaría con bloquear estos suministros.

La tecnología 5G, por otro lado, en el contexto de la tecnología de telefonía móvil celular, indica aquellas tecnologías y estándares de quinta generación con velocidades y rendimiento superiores a los de la tecnología 4G actual.

Para tener una idea de lo que estamos hablando desde el punto de vista de la velocidad, pensamos que para descargar una película de dos horas con tecnología 3G habría tardado 26 horas, con tecnología 4G se tarda 6 minutos, con tecnología 5G solo 3,7 segundos[21].

Pero pensar que 5G es solo una red de Internet más rápida, significa haberse detenido solo en la entrada de un mundo.

La realidad es que controlar la tecnología 5G desde un punto de vista económico y comercial significa controlar el negocio más grande del mundo en este momento.

Veremos las implicaciones más adelante.

Cuando se desarrolló la tecnología 4G, Estados Unidos ganó la carrera y creó el estándar mundial. Silicon Valley se ha desarrollado en torno a este negocio y todas las empresas vinculadas al mundo de la tecnología de las que Estados Unidos es actualmente el líder.

Para hablar de 5G, primero debemos hablar de Huawei, la empresa china líder en telecomunicaciones y protagonista absoluta de este sector.

Empresa fundada en 1987, en 2010 vendió 3 millones de teléfonos al año; aproximadamente 207 millones en 2018. Para dar una idea, Apple vendió alrededor de 209 millones en el mismo período[22].

Esta empresa produce no solo teléfonos móviles, sino también todo el material necesario para construir y operar las redes y aunque fue Estados Unidos quien lanzó y dominó 4G, una buena parte del equipamiento de la red fue construido y vendido por esta compañía. Sus precios son siempre mucho más competitivos en comparación con otros competidores, sobre todo porque detrás de esta empresa está el gobierno chino con su gran compromiso para convertir al país en el número uno del mundo en este campo.

Hay muchos aspectos que preocupan a todos los demás países del mundo cuando se trata de China y 5G. Algunos de ellos dependen en primer lugar del inmenso poder que significa tener el monopolio de esta tecnología. A nivel mundial crea dependencia y dominación sobre otros países, dada la centralidad que ésta conlleva.

Además le sumamos el factor competitivo, que como hemos mencionado es un negocio de miles de millones de dólares y millones de empleos, con efectos en todos los sectores industriales, productivos y de servicios.

También existe la preocupación, expresada en muchos países a nivel gubernamental, en particular por el riesgo de espionaje. En este campo, a menudo se cita la ley de seguridad del gobierno chino, que obliga a todas las personas y empresas chinas en China o en el extranjero a cooperar plenamente si se le solicita.

Desde el punto de vista empresarial, existe la preocupación de que si China es la dueña de este monopolio, fácilmente podría penetrar en todas las empresas de su interés y acceder a los secretos industriales o comerciales de empresas competidoras. Esto ayudaría enormemente a las empresas chinas y a la larga, destruiría a todas las empresas competidoras.

Desde principios de la primera década del 2000, otros países han visto a esta empresa con cierta aprensión. En 2001, por ejemplo, India la acusó de ayudar a los talibanes. En 2003, Cisco demandó a Huawei por copiar su propiedad intelectual y así hasta la actualidad con países como Australia y algunos estados europeos que se han quejado o denunciado determinados comportamientos.
En los Estados Unidos en particular, durante varios años hemos sido testigos de la alarma lanzada por el FBI, la CIA y las agencias de Seguridad Nacional.

El caso es que, a pesar de todas estas quejas, la compañía siguió por mucho tiempo operando en todos los países del mundo incluidos Estados Unidos y Europa sin problemas reales y además ha visto su cuota de mercado aumentar en modo exponencial en el mundo de la telefonía móvil y también en la construcción y gestión de redes.

En todo este asunto, es especialmente sorprendente el comportamiento del gobierno británico, que permitiò discretamente al exjefe de comunicaciones de los servicios secretos (Andrew Hopkins, director de Comunicaciones GCHQ), con más de cuarenta años de experiencia en inteligencia, en contacto con toda la seguridad no solo de su país sino también de todos los países aliados del Reino Unido, incluidos Estados Unidos, fuera contratado por esta empresa. No solo eso, el jefe de la agencia gubernamental de información, John Suffolk (Chief Information Officer del gobierno británico) terminó trabajando para Huawei como vicepresidente. Y lo que más sorprende es el primer ministro conservador David Cameron que autorizó al señor Suffolk y además facilitó a la empresa la obtención de un contrato de 1.2 billones de libras[23].Típico ejemplo de cómo han funcionado en muchos casos las relaciones con China, con ejemplos como este queda claro como la clase política corporativa burocrática y financiera siempre ha estado a la vanguardia en la creación de las condiciones del mundo en el que vivimos.

Si la tecnología 4G puede parecer muy invasiva, cambiar a la tecnología 5G es como pasar de caminar a volar.

Esta tecnología también permite a los gobiernos un control mucho más profundo sobre las empresas y los ciudadanos, porque el control puede ser continuo y los comportamientos se pueden observar mediante la recopilación de terabytes de datos sobre cada empresa o individuo.

Dado que el 5G ya está operativo en China, el gobierno acaba de inaugurar un sistema particular que, a través de una especie de tarjeta de crédito, crea un puntaje basado en el comportamiento de cada individuo.

Por poner un ejemplo, si una persona cruza la calle en un lugar equivocado en lugar de utilizar el paso de peatones, se le quita el crédito, además de que esta información se muestra automáticamente a todos en una gran pantalla digital colocada en las paradas de autobús, pantallas que se convierten en una especie de muro de la vergüenza.

Este sistema de puntaje de crédito social sirve para facilitar el acceso a algunos servicios y pagar menos por algunos productos. También es una tarjeta ligada al reconocimiento facial, que con 5G es factible incluso ahora (en China hay algo así como 700 millones de cámaras, una por cada dos personas) y lo será cada vez más en el futuro, cuando la gente no necesitará dinero en efectivo ni tarjetas, porque solo necesita mostrar su cara para pagar automáticamente debitando su cuenta bancaria.

Usando el sistema de crédito social si el individuo no se ha comportado de acuerdo con lo esperado, entonces muchos productos serán más costosos, será más difícil acceder a ciertos servicios y automáticamente quedará excluido de participar en ciertas actividades.

Para muchos, este es el sueño negativo hecho realidad. Ya no es un mundo de utopía, sino de distopía. Según el diccionario, este término es la oposición a la utopía. Una distopía se suele prefigurar como perteneciente a una sociedad hipotética en la que las expresiones sociales y políticas y en particular, las expresiones tecnológicas opresivas o peligrosas son llevadas al límite extremo. Esto parece haberse hecho realidad.

El 15 de mayo de 2019, el presidente Trump firma una orden ejecutiva para prohibir que Huawei acceda al mercado estadounidense.
Llegados a este punto, si la intención del gobierno de Estados Unidos era bloquear a Huawei, llega muy tarde.

**La situación a mediados de 2020 es la siguiente: mientras Estados Unidos y otros países del mundo declaran teóricamente que estarán listos con 5G alrededor de 2025, Huawei informa al mundo que comenzará oficialmente con el despliegue total de 5G el 1 de noviembre 2020.**

Si es así, Estados Unidos y el resto del mundo ya hemos perdido esta guerra, excepto que se tomen acciones de emergencia que de todos modos no serán fáciles, porque este tipo de cosas no se pueden improvisar al último momento.

Los Estados Unidos han dedicado su tiempo y recursos a otras cosas y por lo tanto, por el momento, la situación parece bastante decidida, pero en la vida nunca se sabe.

El problema en Estados Unidos más que tecnológico en este momento es político.

Está claro que si China tiene una ventaja de cinco años con 5G, para 2025, cuando los demás lleguen allí, los chinos ya estarán en 6G.

La situación también podría volverse dramática para Estados Unidos, porque China también podría decidir vender su tecnología a todos los demás países, incluso a los "en teoría" aliados de Estados Unidos, pero no a Estados Unidos. Si esto sucede,

Estados Unidos se encontraría completamente aislado de un mundo del que no puede prescindir.

# CAPITULO 16
## La situación militar

La fuerza militar de un país depende en gran medida de su población, su poder económico y su capacidad tecnológica e industrial.

China se enfrenta principalmente a Estados Unidos y sus aliados, Japón, Corea del Sur y potencialmente, también a Taiwán, India y Australia (menos con Europa ya que está mucho menos involucrada militarmente). Pero digamos que el desafío más importante es con Estados Unidos.

Mirando la comparación desde el punto de vista de las cifras, debemos considerar el hecho de que en el frente de las armas nucleares, Estados Unidos tiene una gran ventaja sobre China: 6.000 ojivas estadounidenses contra 253 o 300 en China.
Si hablamos de personal, las fuerzas armadas chinas tienen 2 millones de personas, mientras que Estados Unidos tiene 1.400.000.

Si hablamos del presupuesto, al menos el declarado (sobre todo del lado chino, considerando que la cifra real es bastante secreta), Estados Unidos ronda los 750.000 millones de dólares, China alrededor de 220.000[24].

Hay una gran superioridad estadounidense en lo que respecta a los portaaviones con sus grupos: Estados Unidos tiene 11, más 9 portaaviones ligeros o porta helicópteros, mientras que China solo tiene dos portaaviones. Estados Unidos tiene 14.000 aviones, China 4.500.

Podemos decir que en el papel Estados Unidos tiene una gran superioridad militar, pero la realidad presenta varios problemas.

El primero consiste en la velocidad de desarrollo de China que, si continúa a este ritmo, en muy poco tiempo tendrá fuerzas armadas iguales, si no superiores, a las estadounidenses.
El segundo es la dependencia estadounidense del punto de vista tecnológico e industrial de las cosas esenciales que se producen en China o controladas por China.
La tercera es la mentalidad de los burócratas, políticos y militares estadounidenses, que razonan

y se preparan para un tipo de guerra diferente a los desafíos reales que surgen al enfrentarse a China.

En general, hay un cierto grado de autocomplacencia y también parece que el ejército estadounidense se ha debilitado un poco a lo largo de los años. Tendemos por inercia a seguir los pensamientos y la lógica seguida en el pasado, sin considerar plenamente los grandes cambios que se están produciendo.

China pareciera estar siguiendo la ruta de la carrera armamentista con Estados Unidos, pero sería erróneo pensar que tiene como estrategia simplemente doblegar a Estados Unidos mediante un aumento en el gasto militar para que supere al de los estadounidenses.

China está trabajando para tener ejércitos tradicionales poderosos, pero no solo apunta a eso, su estrategia militar es mucho más sutil y tortuosa.

Las fuerzas armadas de Estados Unidos son vulnerables con respecto a la China principalmente por dos cosas.
La primera tiene que ver con las telecomunicaciones y sistemas de navegación control de tiro, logística y todas las actividades en

general, actividades que dependen muchísimo de los satélites militares.

La segunda cosa tiene que ver con la gran dependencia de Estados Unidos en el uso de portaaviones, especialmente en el teatro chino y particularmente en el Mar de China Meridional, donde se concentra gran parte de la tensión.(Aquí China sigue construyendo islotes artificiales con el objetivo de convertirlos en bases militares y sumar soberanía a su mar, esto a pesar de las protestas de Filipinas, Brunei, Singapur, Malasia, Vietnam y la gran preocupación de Japón, Corea del Sur, Indonesia, India y Australia por el potencial bloqueo de rutas comerciales).

China está trabajando para contrarrestar las ventajas de las fuerzas armadas estadounidenses especialmente navales con una estrategia que podemos definir como asimétrica. ¿Qué significa esto? En lugar de construir tantos portaaviones muy caros, China está proyectando y construyendo armas mucho más baratas que bloquean indirectamente la eficiencia de estas fuerzas navales.

Por ejemplo, el gran desarrollo de los misiles hipersónicos que viajan a cinco veces la velocidad del sonido y que imposibilitan cualquier defensa, son armas extremadamente peligrosas para los portaaviones, todos apuntados desde tierra y con costes mucho menores de un portaaviones.

Los chinos también están invirtiendo mucho en un tipo de bomba llamada electromagnética que, cuando explota, no mata a nadie, pero destruye todos los componentes electrónicos presentes en un barco, de modo que noquea por completo a un grupo de barcos sin siquiera tener que disparar. También están invirtiendo en submarinos muy silenciosos, que hace unos años lograron aparecer frente a un grupo de portaaviones y apuntar sin ser detectados.

Tienen una rama de las fuerzas armadas dedicada a la militarización del espacio con la cual hace unos años lanzaron su propio satélite militar y un día, sorprendentemente, lanzaron un misil que destruyó ese satélite. El mensaje fue claro.

¿Qué le podría pasar a Estados Unidos si los chinos destruyen sus satélites militares y civiles?

Otros sistemas son, por ejemplo, la preparación de departamentos militares completos para llevar a cabo ciberataques, que pueden involucrar, por ejemplo, al sistema financiero, bancos, hospitales, policía, centrales eléctricas, desordenes y saqueos en las ciudades, etc.

El problema de la guerra asimétrica es que requiere un cambio completo de mentalidad y que no solo la libran los militares, sino también otros grupos de la sociedad y el gobierno.

# CAPÍTULO 17
## Dólar grande objetivo final

Desde un punto de vista estratégico, el punto de fuerza más relevante para Estados Unidos es la importancia del dólar estadounidense a nivel internacional.

El 80% de los pagos en la cadena de suministro global y las reservas de los bancos centrales se realizan y están en dólares.

Estados Unidos controla el Swift, que es el sistema comúnmente utilizado para la transferencia de dinero a nivel internacional y por lo tanto, también para el movimiento de capitales y pagos desde diferentes países. Estados Unidos también casi tiene el monopolio de los pagos con tarjeta de crédito.

Los chinos han encontrado una manera para intentar separar el sistema financiero estadounidense del sistema mundial y eliminar las prerrogativas que hoy ostenta el dólar.

Normalmente el patrón de compra que se sigue en el mundo cuando se es un consumidor, es hacer uso de cuentas bancarias y tarjetas de crédito, con las que se compran bienes y se realizan inversiones o pagos de impuestos u otros.

Los chinos están trabajado para cambiar este patrón: el consumidor, en lugar de tener cuentas bancarias y tarjetas de crédito, tiene billeteras digitales y con estas, sin tener que pasar por el sistema tradicional, puede comprar bienes para hacer inversiones y pagar lo que necesita.

Alibaba, uno de los sitios más grandes del mundo para el comercio digital, de nacionalidad china, ha inventado una aplicación llamada Alipay que ya es aceptada en la actualidad en 56 países. La aplicación en particular también se usa mucho en África.

El problema del sistema financiero chino es la falta de confianza y transparencia. En el capítulo de las "murallas" vimos que existe una barrera financiera y un secretismo también a nivel de la contabilidad de las empresas. Esto representa un gran problema para el sistema financiero internacional.

De todas maneras China podría crear en modo significativo su propia esfera de influencia reduciendo de esta manera la influencia estadounidense.

En segundo lugar, en lo que respecta al sistema de pago internacional Swift, China ya está promoviendo otro sistema.

En cuanto a su moneda, China ya está promoviendo contratos en Yuan, pero esto no es una cosa sencilla porque, como hemos dicho, dentro de China hay control de divisas y por lo tanto el Yuan no es una moneda libre.

# CAPITULO 18
## Go un juego chino

Hace 2500 años se inventó GO en China, un juego muy interesante, hoy muy popular no solo en China, sino también en Japón, Corea del Sur y muchos otros países alrededor del mundo.

Es un juego de estrategia entre dos jugadores y se desarrolla en una matriz con piedras de colores blanco y negro.

El objetivo del juego es rodear al competidor y ganar territorio poco a poco. El ganador es quien conquista la mayor parte del territorio y captura la mayor cantidad de piezas del enemigo dentro de esos territorios.

Las victorias y las ganancias ocurren poco a poco y el juego requiere un equilibrio continuo de recursos.

Las partidas pueden durar mucho tiempo y también puede suceder que al final se decida parar la partida porque ambos jugadores logran ponerse en una situación de equilibrio en la que se hace difícil perder o aumentar el territorio.

Los chinos dicen que la deslumbrante luz del sol contiene incluso la oscuridad más profunda.

A veces, la mejor forma de ocultar un objeto es mostrárselo a todo el mundo, esto también es un estratagema.
Seguramente este juego nos está diciendo mucho de la estrategia de China durante gran parte de su historia, incluida la actual.

# PARTE III

# BIG TECH

# La cuarta revolución industrial

# CAPITULO 19

## Prehistoria: 4G y el descubrimiento del petróleo del siglo XXI

El 9 de enero de 2007, durante la conferencia anual de presentación y actualización de los productos de Apple, Steve Jobs subió al escenario y luego de un poco de suspenso presentó tres productos separados: un iPod para escuchar música, un teléfono y un nuevo sistema para Navegar por internet.

Cuando llegó el momento de mostrar físicamente los productos, sacó de su bolsillo el iPhone que combinaba estas tres funciones.

El iPhone era en ese momento un producto revolucionario, Steve Jobs aprovecho entonces para recordar lo revolucionario que había sido su computadora Macintosh en 1984, especialmente por su versatilidad y facilidad de uso. Esa computadora contenía algo, que acercó la computadora a todos y comenzó una revolución.

El iPhone volvió a reflejar el genio de Jobs en enero de 2007: una vez más Steve Jobs había podido crear esa plataforma en la que, junto con las nuevas redes 4G, era posible movilizar muchos más datos, en lugares cada vez más remotos y a velocidades más altas, todo ello con una gran pantalla portátil y sistemas táctiles utilizados por primera vez en gran escala.

Esa plataforma y esa red han construido el mundo en el que vivimos, rompiendo por completo el orden tradicional de las cosas y haciendo que el mundo entre en un período de aceleración cada vez mayor en todos los campos existentes y acelerando la creación de otros nuevos.

Lo importante es que sin iPhone y sin 4G no habría sido posible construir todas esas aplicaciones que llenan nuestro mundo de hoy y que han cambiado la forma en que trabajamos, compramos, nos informamos y socializamos. En resumen 4G eiPhone han cambiado nuestras vidas de manera significativa.

Para demostrar la importancia de ese período, podríamos intentar monetizarlo mirando, por ejemplo, la lista de las primeras empresas del mundo por capitalización en 2007 cuando Steve Jobs presentó su nuevo iPhone.

Las cinco empresas más importantes del mundo por capitalización en 2007 eran: ExxonMobil, General Electric, ICBC Bank, Microsoft y Shell Oil.

Diez años después, la lista estaba formada únicamente por empresas relacionadas con el sector tecnológico, como Apple, Google, Microsoft, Facebook y Amazon. Hacia finales de 2019, esas cinco empresas seguían siendo las de mayor capitalización del mundo, ésta es la muestrade que sin duda estamos en un mundo nuevo[1].

El 4 de septiembre de 1998, 2 estudiantes muy jóvenes de la Universidad de Stanford fundaron la empresa Google. Inicialmente, la empresa se centró únicamente en la construcción de un navegador (un navegador de Internet). En 2004, seis años después de la fundación de la empresa, que tuvo lugar prácticamente en un garaje, con la única mejora de esta aplicación, presentándola a la Bolsa de Nueva York para su primera cotización, la capitalización de Google ya superaba a la de General Motors, la empresa que había sido en el pasado, la más grande del mundo durante muchas décadas.

Hoy en día Google, además de todas las aplicaciones que aún posee con Internet, trabaja en el almacenamiento de información en las Nubes, desarrolla software, hardware, Inteligencia Artificial y publicidad. Para reorganizar este gran negocio en 2015 fundó un holding llamada Alphabet Inc. que sirve para agrupar todas estas diferentes actividades.

En el siglo XX, la riqueza de un país y su desarrollo dependían de la disponibilidad de energía.
Las empresas petroleras a lo largo del siglo siempre ocuparon los primeros lugares, como las empresas más grandes y poderosas.
La energía fue el gran negocio del siglo XX.
La política, la geopolítica, la industria y las sociedades se construyeron y desarrollaron en torno al petróleo.

En el siglo XXI, las cosas han cambiado y lo hemos visto con el ejemplo que acabamos de dar de la capitalización bursátil de las cinco principales empresas del mundo, así como con la increíble velocidad de desarrollo de Google.
La energía y el petróleo siguen siendo muy importantes pero ya no son cruciales.
El juego del poder y la riqueza actualmenteno se realiza solo con petróleo, sino con otro tipo de combustible.

Este nuevo combustible es fundamental para el funcionamiento de la economía actual y la creación de valor. Sin él es imposible desarrollarse y sin desarrollo uno se queda atrás. Este combustible esencial son los DATOS.

Así como una vez los que controlaban el petróleo controlaban el mundo, hoy los que controlan la recopilación y el uso de datos lo controlan.

En la creación de la red 4G, que en 2020 fue y sigue siendo fundamental para todos los grandes cambios que se están produciendo, así como en la construcción de plataformas como el iPhone (producto de Apple) y el software ANDROID para todos los demás smartphones (producido por Google), el dominio, la construcción de los navegadores y aplicaciones más importantes han visto a las empresas estadounidenses en Silicon Valley como protagonistas absolutas. Pero las cosas en tecnología están evolucionando muy rápido, el equilibrio de poder ha evolucionado, la participación de China es cada vez más importante y predominante en este campo y podría suceder que la próxima ola ya no sea estadounidense sino china.

La tecnología 4G con la plataforma iphone ha sido muy potente y en muchos aspectos, también bastante intrusiva pero en comparación con el mundo 5G y los desarrollos actuales en el campo de la Inteligencia Artificial, suena increíble decirlo, pero ya pueden considerarse prehistóricos.

# CAPITULO 20
## Un país, dos sistemas

En general, el modelo de desarrollo de las empresas tecnológicas se puede dividir en tres etapas:

La recolección de datos, su procesamiento de acuerdo con las demandas del mercado y su uso segmentado y micro segmentado (agregación de datos) de la demanda potencial de mercado, para permitir que las empresas y sus clientes actúen como consecuencia y creen valor.

Al hacer esto, básicamente se puede interactuar de dos maneras con el mundo (entendido como un todo social).

La primera forma es mirar el conjunto desde la distancia para comprender sus tendencias y comportamientos, o por el contrario, mirar el mundo de cerca, incluso muy de cerca, como se hace con un microscopio, para comprender las micro realidades. En resumen, entender la realidad y luego actuar proponiendo lo que pide el mercado.

Segunda forma: hacer que el macro-mundo en general haga algo, actúe de determinada manera, creando tendencias o por el contrario, entrar en los micro-mundos y provocar en ellos las orientaciones o los cambios deseados.

En resumen, comprender la macro o micro realidad para luego probar a cambiarla, proponer nuevos modelos a seguir que traigan el cambio deseado hacia nuevas soluciones y realidades ya elaboradas y listas para ser utilizadas.

El propósito de este modelo de negocio es, como con todas las empresas privadas del mundo, ganar dinero y generar BENEFICIOS. Las empresas de tecnología ofrecen a los consumidores muchos excelentes servicios gratuitos y a cambio recopilan sus datos.

El modelo de desarrollo tecnológico del gobierno chino se puede dividir en tres etapas: la recopilación de datos, su procesamiento de acuerdo con las necesidades de gestión y seguridad del gobierno, su uso por segmentación y micro segmentación (agregación de datos) de la población, para permitir que los distintos organismos gubernamentales actúen para mantener el orden y control de la población y así poder garantizar la estabilidad.

Para hacer esto el gobierno chino puede interactuar fundamentalmente de dos maneras con el mundo como un todo social.

La primera forma es intentar comprender las tendencias y comportamientos generales observándolos primero a distancia, en su conjunto o, a la inversa, observando a los grupos sociales muy de cerca y comprendiendo este micro-realidad.
En resumen, comprender la realidad y luego hacer que las distintas agencias gubernamentales trabajen en las necesidades de seguridad de la población y del estado.

Segunda vía: hacer que el macro-mundo en general haga algo, actuar de cierta manera creando tendencias, comportarse con precisión o entrar en el micro-mundo social y provocar en ellos las orientaciones o cambios deseados.
En resumen, comprender la macro o micro realidad para luego modificarla proponiendo nuevos modelos a seguir que obtengan el cambio deseado hacia nuevas realidades ya desarrolladas por el gobierno.

Según la idea del gobierno, el propósito de este modelo es mantener el control social necesario sobre la población para producir estabilidad, desarrollo y PODER por parte del gobierno como herramienta necesaria para actuar y hacer avanzar el progreso social de todos.

También hay empresas de tecnología chinas que operan en los mercados chino e internacional de la misma forma que las empresas internacionales en el resto del mundo.

Los modelos operativos de las empresas tecnológicas son bastante similares a los del gobierno chino: por un lado, las empresas tecnológicas requieren el registro digital de todos los datos generados a nivel social para brindar a sus empresas clientes los servicios necesarios para generar BENEFICIOS; por otro lado, el gobierno chino opera de manera similar, pero con el objetivo de poder garantizar y generar el PODER necesario para actuar.

Ambos, por diferentes motivos se ven obligados a aplicar la censura cuando los contenidos no son adecuados para sus fines.

# CAPITULO 21
## La red 5G. El mundo con nosotros dentro se convierte en plataforma

El sistema 5G se define como una tecnología de quinta generación para Internet y redes móviles. Todos los equipos 5G están conectados a Internet y a la red telefónica mediante ondas de radio.

Entre las principales características y ventajas que se presentan está la mayor velocidad para descargar archivos, ya hemos dado el ejemplo de una película de dos horas de duración: con la tecnología 3G hubiera tardado 26 horas, con la tecnología 4G 6 minutos, con tecnología 5G 3.8 segundos.
Si queremos usar un EJEMPLO gráfico, 5G podría representarse como un tubo con un diámetro lo suficientemente grande para contener 63 tubos con el diámetro de 4G.

5G funciona en un espectro de banda mucho más amplio de 4G que va de 30 a 300 Gigahertz, uno que nunca antes se ha utilizado en aplicaciones de equipos móviles.

Utilizar este espectro más alto también ayuda a tener una mayor disponibilidad de espacio en las frecuencias disponibles lejos de otros espectros, en los que hoy entre radio, TV y muchas otras cosas hay un gran amasamiento.

Esta tecnología tiene como segunda característica el **hecho de que mientras 4G con la red actual puede gestionar 6.250 dispositivos por kilómetro cuadrado, la nueva red 5G podrá gestionar más de 1.875.000 por kilómetro cuadrado.**

Esta velocidad de la red, más la capacidad de gestionar tantos equipos, hace estallar lo que hasta ahora ha sido la gestión de red con 4G.

Pasar de 6250 dispositivos a 1.875.000 por kilómetro cuadrado significa que se pueden conectar todas las cosas de uso común: cosas simples como puede ser una puerta, un ascensor, un frigorífico, todos los coches, las cámaras, la placa de identificación de un perro o un gato, la lavadora, en resumen, cualquier dispositivo.

Este gran potencial abre nuevos escenarios que veremos más adelante a medida que se vayan desarrollando, entre los que están los siguientes:

Realidad virtual, drones para hacer entregas, coches que se conducen solos y máquinas agrícolas que funcionan solas y mucho más.

En la base de la tecnología 5G encontramos microondas que, a diferencia de las ondas utilizadas en 4G como resultado de la alta frecuencia, no pueden viajar fácilmente y ni siquiera pueden atravesar fácilmente edificios, árboles e incluso la lluvia.

Para utilizar esta tecnología, es necesario hacer uso de miles de pequeñas estaciones de apoyo en la ciudad y también en el campo, que deberán colocarse una relativamente cerca de la otra.

Cuando el usuario se mueve con su teléfono móvil o con un dispositivo conectado a Internet, la señal se mueve automáticamente al desconectarse y reconectarse con la estación más cercana.

Para operar la red, se necesita un sistema de torre para las antenas, cada torre tiene múltiples unidades de tipo de entrada y salida. Hoy por ejemplo, una torre típica de la red 4G tiene 12 de estos puertos, una torre típica de tecnología 5G tiene 100[2]. Por supuesto, este aumento es necesario para aumentar la capacidad de gestión de la red.

Para hacer que las señales viajen evitando la interferencia provocada por la gran cantidad de puertas, habrá nuevas tecnologías que realizarán una función reguladora similar a la de los semáforos y rotondas en las ciudades.

Como se puede deducir, una red de este tipo, caracterizada por la alta velocidad de gestión y la gran cantidad de equipos conectables, la enorme cantidad de estaciones cercanas necesarias para su funcionamiento y las grandes estructuras con cientos de puertos, cuando estén completamente desarrolladas, tendrán como tendencia invadir y penetrar profundamente el territorio.
La tecnología 5G será por lo tanto muy intrusiva, pero en contrapeso tendrá infinitas aplicaciones.

La diferencia más importante entre la tecnología 5G y 4G consiste en que con el 5G ya no es necesario tener un teléfono móvil o un ordenador personal para conectarse. Este hecho también significa que mientras con 4G el usuario puede desconectarse y salir cuando quiera, con 5G no se puede, cuando esta tecnología esté completamente desplegada, todo lo que se haga dentro o fuera de casa dejará una huella digital, es decir, datos y estos se podrán recopilar y clasificar rastreando si requerido, la persona que los produjo.

Habrá una producción continua de terabytes de datos sobre cada uno de nosotros[3].

Será muy difícil que esto suceda de forma anónima, ya que, en todas partes, habrá cámaras con reconocimiento facial, además todo lo que usemos estará conectado a la red.

El Internet de las cosas (IoT, Internet of Things), es decir, dispositivos conectados en la red capaces de detectar datos, capaces de comunicarse, recibir y transmitir datos, cosas como medir temperatura, presión, movimiento, brillo, humedad, orientación en el espacio, proximidad, ondas, corrientes y sonidos.
Aplicaciones, como una casa inteligente equipada con domótica avanzada, edificios inteligentes, monitorización industrial, robótica y robótica colaborativa.

Más en detalle, algunos ejemplos podrían ser su bicicleta o su vehículo que siempre estarán identificados; todo lo que nos pertenece o con lo que tratamos podría estar conectado de alguna manera al sistema.

Por ejemplo, en la mañana desde que nos despertamos con el uso del asistente digital personal, todos nuestros movimientos quedan registrados de alguna manera. Si le preguntamos algo para obtener una respuesta, el qué preguntamos, cómo preguntamos y en qué tono de voz, todo esto será recogido y analizado por el algoritmo. La máquina ya podría saber si estamos felices, tristes, deprimidos o ansiosos y podría reunir los datos de millones de personas para comprender en tiempo real la tendencia del momento o ya hacer predicciones sobre lo que sucederá desde el punto de vista del comportamiento social. Cuando vayamos a la cocina y abramos el frigorífico se registrará lo que hayamos escogido, los frigoríficos inteligentes podrán asesorarnos, para ordenar automáticamente el mercado, cuando nos desplacemos por la ciudad o por carretera, serán memorizados todos los recorridos que tomemos, seremos monitoreados continuamente y si no hemos pagado el seguro, si los neumáticos no tienen la presión adecuada, si es necesario cambiar las pastillas de freno o si el vehículo contamina más de lo necesario, las autoridades o servicios competentes serán informados de inmediato y podrán intervenir muy fácilmente.

Cada vez que entremos a un edificio habrá reconocimiento facial, posiblemente control automático de temperatura y se sabrá todo sobre nosotros: qué ascensor tomamos, en qué piso paramos y cuánto tiempo estuvimos allí.

Caminando por la calle podremos pedir comida en cualquier kiosco sin tener que teclear nada y sin necesidad de un teléfono móvil, llegaremos al restaurante y el reconocimiento facial en la entrada será suficiente para que el sistema sepa que hemos llegado, nos entregarán el paquete con la comida, si deseamos take away y no deberemos sacar dinero ni celular, el reconocimiento facial será suficiente para pagar la factura de forma automática de forma digital, sin tener que interactuar con ninguna persona.

Tan pronto como se salga del restaurante, por ejemplo, simplemente diciendo la palabra taxi en un kiosko, un taxi llegará en unos minutos con o sin conductor. Nos subiremos en él y nuevamente con reconocimiento facial, el taxi sabrá a dónde llevarnos y la factura se pagará solo con nuestra presencia.

Además de las personas, las empresas también producirán terabytes de datos todos los días. Por ejemplo, en las granjas en el campo, los tractores se conducirán solos, se usarán drones para fertilizar, controlar y dispensar herbicidas. El control y mapeo de cada finca será total. La situación de sectores enteros se conocerá en tiempo real.

En los hospitales los médicos podrán operar de forma remota, utilizando robots y estaciones similares a las de una sala de cirugía real, en las que participarán todas las actividades humanas.

China, como ya hemos explicado, es el país más avanzado del mundo no solo con el desarrollo sino también con el despliegue de esta tecnología en el territorio.

Con una población que en 2020 se acerca a los 1400 millones de personas, China ya ha instalado en promedio una cámara de video por cada dos habitantes, algo así como 700 millones de cámaras y esta es también la razón por la que China, así como en 5G, es líder mundial en tecnología de reconocimiento facial y video vigilancia.

A esto se suma el desarrollo, como veremos, de la inteligencia artificial percibida o sensorial, que se refiere a la digitalización (como transformación en datos) de la parte visual, acústica, olfativa, del gusto y del tacto. Naturalmente, cada uno de estos sentidos, cuando se identifique, corresponderá a una respuesta digital.

La realidad virtual se desarrollará mucho más, con la simulación de situaciones reales con el uso de muchos otros medios además del ordenador. Esta realidad será cada vez más real y con infinitas aplicaciones.

En lo que respecta al mercado y a la política, en el 2020 Huawei sigue siendo el líder mundial en la producción y desarrollo de redes 5G.

Como ya se explicó, las empresas estadounidenses y europeas están muy por detrás en el desarrollo de la tecnología 5G. Muchas de las empresas estadounidenses de este sector están muy endeudadas. Un ejemplo es el expresado por el expresidente de la Cámara de Representantes estadounidense Newt Gingrich, cuando en una conferencia habló de la compra que hizo AT&T de Time Warner que también incluye a CNN. Una fusión de 85 mil millones de dólares, pero que él cree que deja pocos recursos para invertir en el desarrollo de 5G[4].

En Estados Unidos, alguien ha propuesto que el gobierno con la ayuda de los militares, dada la importancia estratégica, desarrolle tecnología 5G para todos. Pero parece que las grandes corporaciones no están muy interesadas en desarrollar una red gubernamental 5G porque esto abriría las posibilidades para que otras empresas más pequeñas la utilicen y compitan[5].

El 12 de marzo de 2019, el Parlamento Europeo adoptó una resolución en la que declaraba que existían riesgos de seguridad asociados a la creciente presencia tecnológica de China en los países de la Unión Europea y que debía tomar medidas para limitar las actividades de las empresas chinas.

El 26 de marzo de 2019, la Comisión Europea se declaró preocupada por la seguridad de la red 5G, pero al mismo tiempo declaró que, en lo que respecta a Huawei, no prohibiría sus productos y dejaría a los estados de la UE libres para adoptar el sistema 5G chino.

La posición estadounidense, como se conoce, es aparentemente completamente diferente: hay una prohibición sobre el uso de productos Huawei y su tecnología para 5G. Esta prohibición al principio también incluía la colaboración entre empresas estadounidenses y chinas. Luego hubo un cambio que permitió a las empresas estadounidenses trabajar en el desarrollo de nuevos estándares, incluidos los de 5G junto con Huawei.

En ambos casos, las cosas no están completamente definidas en un sentido u otro.

Una de las mayores preocupaciones en Europa, América y otros países competidores de China es que dentro del sistema 5G puedan existir sistemas llamados "back doors". Según el diccionario, la "back doors" es un método a menudo secreto para repasar, cambiar u omitir la autenticación normal de un producto y luego permitirle ingresar y operar como si estuviera autorizado para hacerlo.
El temor es que existan piezas de 5G que contengan estos sistemas, poniendo en riesgo información confidencial de carácter personal, corporativo o gubernamental.

Este riesgo sigue siendo particularmente crítico hoy en día con el sistema de "nubes", grandes servidores que contienen todos los datos de la empresa e incluso los datos más confidenciales y donde todo con 5G tiende a conectarse.

Una red controlada democráticamente no debería permitir que el administrador vea lo que la gente ve o dice y no debería poder bloquear información. Todos los datos deben estar encriptados[6].

Las empresas internacionales de tecnología se ven obligadas a trabajar en China porque para desarrollar sus productos necesitan toneladas de datos que hoy solo el mercado chino es capaz de generar.

China es hoy con los datos lo que fue Arabia Saudita con el petróleo hasta hace poco.

5G es un medio muy poderoso, altamente estratégico y central para el desarrollo de la economía moderna y es políticamente decisivo y vinculante. Ningún país del mundo puede decidir mantenerse al márgen, incluído Estados Unidos, pero el problema es que la seguridad y el futuro de todos siguen estando en manos de quienes controlan la red.

# CAPITULO 22
## La Inteligencia Artificial (IA*)*

Del 9 al 16 de marzo de 2016 en el Hotel Four Seasons de Seúl hubo un partido histórico entre el campeón mundial de GO, el jugador surcoreano Lee Se-Dol y el sistema de inteligencia artificial Alfa Go que operaba desde la plataforma cloud de Google, cuyos servidores estaban ubicados en Estados Unidos.

El software venció al jugador en cuatro de cinco juegos y se convirtió en el ganador.

Este juego milenario y muy difícil de jugar, que como hemos dicho, es muy popular en todos los países asiáticos, especialmente en China, Corea y Japón, fue transmitido por televisión en todo el mundo y seguido por millones de personas.

Este encuentro marcó una época, asombró a todos y nos dio una prueba de la gran capacidad de la inteligencia artificial.

Gran parte de la audiencia y los jugadores quedaron impresionados con las modalidades de juego de la computadora. La máquina hizo jugadas que nunca se le habían ocurrido a nadie.

Unas semanas más tarde, el gobierno chino, en un gran foro empresarial, declaró su objetivo nacional de convertirse en la primera potencia del mundo en IA (Inteligencia Artificial) para 2030.

El diccionario define la inteligencia artificial como la capacidad de un ordenador para realizar funciones y razonamientos propios de la mente humana y de forma completamente autónoma.

Elon Musk, el fundador de Tesla, fabricante de los mejores vehículos eléctricos del mundo y de SpaceX, una empresa muy innovadora y fascinante que se ocupa de la producción de cohetes y naves espaciales (empresa que el autor tuvo el placer de visitar hace unos años por motivos de negocios en California) es uno que sabe mucho de inteligencia artificial, ya que está desarrollando sistemas de conducción autónoma para sus vehículos, además de otras actividades en este campo que profundizaremos más adelante. Durante la Conferencia South by Southwest Tech de 2019 en Austin, Texas, afirmó que "si la inteligencia artificial cayera en manos de una dictadura, podría conducir fácilmente a la dominación mundial, después de lo cual no habría una salida fácil, sino una dictadura perenne".

También dijo que "la inteligencia artificial aprende por sí misma, lo hace estudiando todos los casos disponibles y aprende exponencialmente".

También afirmó que "la inteligencia artificial es más peligrosa que los misiles nucleares y que por ello, para desarrollarla globalmente, debe existir un organismo regulador".

"La inteligencia artificial es mucho más capaz de lo que podemos entender y su tasa de mejora es exponencial...".

A Musk le preocupa que la inteligencia artificial pueda desarrollarse más allá de nuestra capacidad para controlarla.

"La tasa de mejora es realmente espectacular". "Necesitamos encontrar una manera de asegurarnos de que la llegada de la super inteligencia digital esté en simbiosis con la humanidad". "Creo" - dice siempre Musk - "que esta es la crisis existencial más urgente que enfrentamos y que enfrentaremos".

En su análisis de peligros, Musk señala la diferencia entre aplicaciones específicas, como el vehículo autónomo, en comparación con la inteligencia artificial con una función de utilidad abierta. Esta última puede tener un poder computacional un millón de veces mayor. Esta será la super inteligencia que se desarrollará en los próximos años. Advierte que "si la humanidad decide que quiere avanzar en el desarrollo de esta super inteligencia de manera colectiva, entonces tendrá que hacerlo con mucho cuidado,...tener mucho cuidado, esto es lo más importante que tendremos que hacer ...".

Otro tema abordado por este emprendedor varias veces en el pasado y también por otros expertos en inteligencia artificial, es el hecho de que la inteligencia artificial tendrá un gran impacto social porque en particular provocará una pérdida de puestos de trabajo que Musk también calcula en alrededor del 50% del trabajo disponible hoy.

Los primeros trabajos que se perderán no serán los de la industria, si no los de los llamados cuellos blancos, los de los empleados en oficinas. Esto se debe a que la automatización en la industria ya está por delante y además también existe una limitación que implica la adaptación desde el punto de vista mecánico de las funciones a automatizar. Una cosa es hacer software, que es relativamente fácil, otra es la parte física y mecánica, que requiere una gran cantidad de ingeniería y construcción de componentes específicos que no son fáciles de diseñar, construir y probar.

Dicho esto, la inteligencia artificial también conllevará una importante reducción de los costos de producción y por tanto la posibilidad de tener productos a precios muy bajos.

En el grupo de empresas cada vez más innovadoras creado por Musk se encuentra la recién nacida Neuralink, una empresa establecida para crear una forma de conectar el cerebro humano a la máquina de inteligencia artificial.
El objetivo sería crear una simbiosis... "Nos gustaría un acoplamiento entre la inteligencia humana colectiva y la inteligencia digital", "Neuralink está tratando de trabajar en este campo para crear una interfaz con un gran ancho de banda para poder conectar la inteligencia artificial al cerebro humano". La idea es insertar un microchip en el cerebro humano para cumplir con este objetivo.

Por el momento los mayores objetivos son de tipo médico, pero en el futuro seguramente habrá infinitas aplicaciones que puedan conectar fundamentalmente la inteligencia artificial al cerebro humano y ayudar al ser humano a hacer razonamientos particularmente complejos y cosas físicas que están más allá de su capacidad hoy.

Con referencia a las aplicaciones médicas, se espera, por ejemplo, que una persona que haya perdido una pierna pueda recuperar la movilidad utilizando prótesis inteligentes controladas por una combinación de computadoras de inteligencia artificial y cerebro; o pensar en visión reversible y sordera reversible, o en la adquisición de otros sentidos perdidos.

En cuanto a la parte médica, se espera empezar a trabajar y experimentar con pacientes reales a finales del 2020.

Algunos ejemplos del uso de aplicaciones de la inteligencia artificial son los siguientes.

En agricultura, además de los tractores que se conducen ellos mismos, el hecho de poder controlar todas las plantas a través de sensores y actuar ya no de forma genérica, sino más bien específica en cada planta con el potencial que esto puede ofrecer.

En medicina, por ejemplo en el estudio genético, para comprobar posibles enfermedades, o en el análisis de la forma diaria en la que se camina con el uso de teléfonos móviles para poder diagnosticar con antelación la enfermedad de Parkinson.

El diagnóstico aún más temprano del cáncer y otras enfermedades.

El estudio de la genética en general que también tendrá aplicaciones en los sectores agrícola y farmacéutico. El estudio de los microbios.

La generación automática de lenguaje. La capacidad de producir textos, incluida la generación de libros.

En los despachos de abogados, la posibilidad de hacer investigación sobre las normas y también llegar a conclusiones sobre casos específicos.

Sistemas para enseñarle fácilmente a los robots el lenguaje de máquina.

En el ámbito comercial, generar un lenguaje de marketing apto para todos los públicos.

En logística, la gestión de flotas de vehículos de todo tipo y de forma automática.

Investigación para retrasar el envejecimiento.

Estudios geoespaciales para agricultura, energía, minería y pesca. Controles de seguridad muy sofisticados.

Las siguientes son algunas de las aplicaciones más peligrosas.

La primera es militar, ya que equipando robots con inteligencia artificial prácticamente podríamos tener soldados que son máquinas pero que pueden tomar decisiones por sí mismos.

Meditando sobre este último ejemplo viene a la mente la película del 1964 "Doctor Strangelove", que es la historia de un bombardero B-52 durante la Guerra Fría, por motivos de varios automatismos debido a un error del sistema, es enviado a bombardear una base nuclear soviética. Los estadounidenses y los rusos intentan juntos detenerlo, pero el sistema lo impide y el avión cumple su misión, llevando al mundo al desastre sin que existiera la voluntad.

La inteligencia artificial también se puede aplicar a barcos, tanques, aviones y todo esto sigue siendo potencialmente muy peligroso por una posible pérdida de control.

El segundo ejemplo de aplicación peligrosa es el uso de la inteligencia artificial en el análisis financiero y la toma de decisiones automatizada.
Ya hoy existen ordenadores que hacen desde hace muchos años transacciones en automático y ya se ha comprobado que este automatismo ha actuado como catalizador en todas las crisis, pero con la inteligencia artificial llevamos todo a otro nivel, mucho más sofisticado, una máquina capaz de vencer en solitario al mejor jugador del mundo de GO, un juego que tiene tantas posibilidades de juego casi como granos de arena hay en la tierra.
Para nosotros está claro que un sistema de inteligencia artificial superior que comienza a trabajar en inversiones con intercambios de divisas, bonos, derivados y todo lo demás podría generar desequilibrios y desastres financieros de los cuales se podría fácilmente perder el control o que podría llevar al propietario del sistema a acumular riqueza en modo exagerado y fuera de la norma.

La inteligencia artificial no es algo que va a estar ahí, la inteligencia artificial es algo que ya existe y esa integración con 5G explotará.

Sacamos al genio de la lámpara y ahora no debemos perder el control y mientras lo hacemos posiblemente evitar que quede en manos de un solo grupo de personas.

# PARTE IV

# UN MUNDO EN DECADENCIA

# CAPITULO 23
## Estados Unidos. De 1990 a 2020: los peores treinta años desde 1776

En la tarde del 19 de noviembre de 1863, el presidente Lincoln estaba en Gettysburg, Pensilvania, para la inauguración del cementerio militar construido en los campos donde había tenido lugar una batalla unos meses antes.

El presidente estaba sombrío y nervioso. Luego del discurso de dos horas del orador principal elegido por el comité organizador más que para inaugurar para fastidiarlo, cuando finalmente llego su turno el presidente finalmente se levantó y caminó lentamente y en el silencio general hacia el podio. Su rostro estaba pálido y hundido; sobre sus hombros encorvados estaba toda la responsabilidad de un país que se desintegraba y sangraba; su altura y su cilindro sobresalían sobre todos y todo. ¡Miró a la multitud por un momento, se aclaró la garganta y pronunció un discurso de solo dos minutos...!

Ese discurso fue muy criticado y poco aplaudido. Muchos pensaron que se había olvidado de una parte. En realidad, fue quizás un discurso muy simple, pero todavía hoy representa uno de los hitos para la democracia y para los hombres libres no solo de América, sino del mundo entero. Un discurso que, en un momento tan serio como el actual, para el destino de Estados Unidos y de todas las demás democracias liberales, es muy útil recordar incluso hoy.

**"Hace ochenta y siete años, nuestros padres hicieron nacer en este continente una nueva nación concebida en la libertad y consagrada en el principio de que todas las personas son creadas iguales.**

**Ahora estamos empeñados en una gran guerra civil que pone a prueba si esta nación, o cualquier nación así concebida y así consagrada, puede perdurar en el tiempo. Estamos reunidos en un gran campo de batalla de esa guerra. Hemos venido a consagrar una porción de ese campo como lugar de último descanso para aquellos que dieron aquí sus vidas para que esta nación pudiera vivir. Es absolutamente correcto y apropiado que hagamos tal cosa.**

Pero, en un sentido más amplio, nosotros no podemos dedicar, no podemos consagrar, no podemos santificar este terreno. Los valientes hombres, vivos y muertos, que lucharon aquí ya lo han consagrado, muy por encima de lo que nuestras pobres facultades podrían añadir o restar. El mundo apenas advertirá y no recordará por mucho tiempo lo que aquí digamos, pero nunca podrá olvidar lo que ellos hicieron aquí. Somos, más bien, nosotros, los vivos, quienes debemos consagrarnos aquí a la tarea inconclusa que los que aquí lucharon hicieron avanzar tanto y tan noblemente. Somos más bien los vivos los que debemos consagrarnos aquí a la gran tarea que aún resta ante nosotros: que de estos muertos a los que honramos tomemos una devoción incrementada a la causa por la que ellos dieron la última medida colmada de celo. Que resolvamos aquí firmemente que estos muertos no habrán dado su vida en vano. Que esta nación, Dios mediante, tendrá un nuevo nacimiento de libertad. Y que el gobierno del pueblo, por el pueblo y para el pueblo NO DESAPARECERÁ DE LA TIERRA".

Después de la declaración de independencia americana del 4 de julio de 1776, cuando se proclama al mundo que todos los hombres son creados iguales, que han sido dotados por el creador de ciertos derechos inalienables, que entre estos derechos se encuentran la vida, la libertad y la búsqueda de la felicidad ..., en 1860 el país se encontraba en medio de un gran caos político. Los Estados Unidos están en una encrucijada: hay elecciones para la presidencia. Por un lado, está el candidato Republicano Abraham Lincoln, que lucha por mantener la unión americana y la abolición de la esclavitud, por otro el Partido Demócrata, con tres candidatos, que apoya con diferentes matices la división del país y el mantenimiento de la esclavitud.

Como es bien sabido, Lincoln ganó la elección, pero pronto estallará la guerra civil estadounidense porque los que perdieron no aceptan el resultado electoral.

Una guerra muy dura entre estadounidenses, que en cuatro años resultó en la muerte de unos 750.000 soldados y un número desconocido de civiles. (Una masacre en proporción a la población estadounidense de ese período).

Este es el punto de partida del milagro histórico de un país llamado América (el nombre de todo un continente). Por primera vez en la historia después de tanta teoría y tantos intentos en todo el mundo, Estados Unidos combatiendo contra todos sus problemas, injusticias, RACISMO, discriminación y luchas internas de todo tipo, lleva a la realidad un país ahora verdaderamente gobernado por la mayoría de sus ciudadanos, una sociedad libre caracterizada por el libre mercado y por tanto como consecuencia, capaz de producir una gran riqueza e innovación en beneficio de la mayoría de sus habitantes y del resto del mundo.

Durante la guerra civil, a costa de miles de vidas humanas, Estados Unidos derroto la esclavitud pero como todos sabemos durante muchos años, lamentablemente, tuvo que luchar contra los prejuicios raciales: como olvidar, por ejemplo, que incluso en 1963 el gobernador Demócrata Wallace impidió que los estudiantes negros ingresaran a la Universidad de Alabama y el gobierno federal tuvo que llamar a la Guardia Nacional para permitir a los estudiantes ingresar a la Universidad. Cómo olvidar la segregación en restaurantes, baños, autobuses, en tantos casos. Por supuesto, el racismo existe y ha existido durante siglos en todo el mundo, incluso entre personas del mismo color, la misma religión y el mismo sexo. Pero Estados Unidos es también la tierra que ha producido hombres como Martin

Luther King que junto con buena parte de Estadounidenses (que es la mayoría) ha eliminado gran parte de estas barreras convirtiéndolo en el único país del mundo donde todas las razas ocupan y han ocupado todos los puestos más importantes de la sociedad, gracias a sus habilidades y capacidades y no al color de su piel.

Algo bastante único en el mundo, incluso en el 2020.

Estados Unidos será la primera nación en iniciar el proceso de nacimiento de la clase media y de ese famoso "sueño americano", para el cual cada generación trae consigo una mejora económica y social continua y casi todos tienen la oportunidad de prosperar.

Esta fue la regla que lo marcó desde su fundación y que ni la guerra civil de 1860 ni la gran recesión de los años treinta consiguieron romper. Durante un tiempo se ralentizó, pero luego se confirmó aún más vigorosamente.

Durante el siglo XX, Estados Unidos luchó activamente contra el totalitarismo y por la defensa de la libertad en el mundo. Entró en el teatro de la Primera Guerra Mundial porque arrastrada por los acontecimientos y fue solo gracias a su intervención que se acabó la masacre, una situación que estaba estancada totalmente con la pérdida en Europa de toda una generación y con la creación de un tremendo desastre económico.

Después de la victoria sobre Alemania, Estados Unidos hizo todo lo posible para evitar una segunda guerra: el presidente Wilson creó la Liga de Naciones como un medio ideal para detener los conflictos (lamentablemente la propuesta no fue aprobada por el Senado estadounidense). Estados Unidos no pidió nada a cambio de su participación en una guerra que le costó 320.518 soldados entre muertos y heridos.

Los Estados Unidos también fueron arrastrados a la Segunda Guerra Mundial, también en este caso su intervención fue fundamental para derrotar a Alemania, el nazi-fascismo y el totalitarismo japonés, salvando una vez más a Europa, Rusia y los países asiáticos, incluida la China misma. Esta guerra le costó a Estados Unidos más de 1 millón de soldados entre muertos y heridos. Al final, Estados Unidos entro a la era atómica se convirtió en una potencia única y absoluta y como tal, podría haber impuesto la dominación mundial, pero no lo hizo.

Si miramos la historia, el comportamiento estadounidense fue absolutamente único y diferente al de todas las potencias que la precedieron, hecho que quizás represente el mejor momentoyel más noble de gran parte de su historia.

Desde su fundación, la fortaleza de Estados Unidos siempre ha sido el aumento de la productividad industrial, la inversión en infraestructura, la innovación continua en todos los campos, la excelencia en la educación superior y sobretodo la libertad, ese sistema de valores, acciones e instituciones son las que hicieron posible derrotar los potentes enemigos de dos guerras mundiales además de ganar la Guerra Fría contra la Unión Soviética y sus países satélites.

Un país con una población formada por personas que llegaron de todos los continentes de la tierra, un caso bastante único en la historia.

La fuerza de Estados Unidos a lo largo de los años, como ya hemos explicado, siempre ha sido ese sistema que luego generó una gran clase media. Sin esta clase media y la distribución justa de la riqueza que produce, Estados Unidos nunca se habría convertido en el país en el que se ha convertido.

Los babyboomers, que es la generación nacida entre 1946 y 1964, son los hijos del boom económico de la posguerra y del importantísimo aumento demográfico que se produjo hasta 1964.

Son la generación en gran parte a cargo del país desde 1990 y son en gran parte los responsables de la situación actual en Estados Unidos, sin mayores distinciones entre Demócratas o Republicanos.

Estos boomers son los hijos de aquellas madres y padres que vieron y vivieron la Gran Depresión con todo lo que supuso en términos de pobreza, hambre, quiebra, sontambién los hijos de familias que vieron a padres, hermanos y tíos ir a la guerra y morir en miles. Hijos de Madres y Padres con el máximo deseo como era natural de querer evitarle a estos hijos situaciones dramáticas como las que ellos vivieron.

En las décadas de 1950 y 1960, Estados Unidos se hizo tan rico que por primera vez en su historia su juventud tenía una enorme cantidad de dinero, combinada con un gran deseo de divertirse, iniciaba la era de la sociedad del consumo.

Niños en una buena parte mimados y con dinero en el bolsillo, una mezcla que siempre ha sido explosiva.

Poco a poco, muchos de estos jóvenes comienzan a sentirse el centro del universo y comienzan a cavar un surco entre ellos y las personas mayores.

Todo esto conduce a una gran rebelión contra los padres, o cualquier tipo de autoridad dentro o fuera de la familia.

Quizás la primera generación de la historia que en una buena parte llego a contradecir tanto a sus padres y adultos hasta el límite de intentar que los adultos se adaptaran a ellos, no ellos a los adultos.

Una generación en gran parte de narcisistas que en parte creyó y aún cree que es la primera generación en la historia que tiene un verdadero sentido moral, mientras que los que vinieron antes nunca lo tuvieron. Por eso muchos de ellos tienen un profundo desprecio por el pasado y en gran parte lo consideran inmoral. Muchos de ellos se han caracterizado porque siempre han despreciado, ridiculizado y considerado manipulador al Dios de los antepasados y para llenar ese vacío lo han reemplazado por el culto hedonista del propio Yo.

Un enfoque muy intenso en uno mismo, donde "yo" es la persona más importante del universo, "tener que satisfacer los propios deseos" es la razón de la existencia y si se encuentran obstáculos o fracasos, se caracteriza por una inmediata actitud de "victimismo".

Desde mediados de la década de 1960, una buena parte de esta generación comenzó a pensar que Estados Unidos es una sociedad profundamente malvada y por lo tanto, se hace el bien cuando se la ataca.

Comienza un proceso enfocado a una desintegración desde adentro y desde afuera del sistema.

La idea desde entonces se vuelve cambiar en lo posible las instituciones, culturales, educativas, morales, sociales, las iglesias, las familias, etc. Todo tiene que romperse, transformarse o destruirse.

En 1966, dos profesores de la Universidad de Columbia, Cloward y Piven, publicaron un libro titulado "La estrategia de la crisis", que fue adoptado por una buena parte de los baby boomers. En este texto se teoriza que la única forma de cambiar una sociedad malvada es hacerla quebrar.

En esencia, para sabotear y destruir el sistema, se debe crear una gran burocracia, se deben hacer solicitudes excesivas de regulaciones y derechos: poco a poco esto conducirá a la ruina económica y la bancarrota. Una vez que se llegue a la quiebra, la sociedad estará lista para la revolución.

Esta que describimos es una buena parte de la generación del 68, la generación de la gran protesta, de la promoción de las drogas gratis, de las adicciones, del new age, del prohibido prohibir y todo lo demás.

Son en gran parte los lectores habituales de Saul Alinsky y su libro "Reglas para los radicales", que les enseña cómo adquirir poder desde un punto de vista social, político y económico y cómo ocupar poco a poco y convertirse en el nuevo "establishment", en las nuevas "élites".

Más o menos desde los años 90 esta generación tomó el poder en todas las instituciones más importantes y hoy comanda la política, los militares, los grandes bancos y corporaciones, la justicia, la burocracia gubernamental, los medios de comunicación, las universidades, el partido Republicano y Democrático, las escuelas y desde todos estos cargos puede continuar el trabajo de cambio y desintegración.

Desde el comienzo de la fundación de la nación estadounidense, siempre ha habido una lucha entre el libre mercado y las corporaciones financieras. Es importante recordar que durante todo el siglo XIX hasta principios de 1900 no hubo un banco central, no hubo Reserva Federal (y puede ser una coincidencia, pero nunca antes hubo crisis como la de 1930 o como las de que han seguido ocurriendo cada vez con más frecuencia). Andrew Jackson, séptimo presidente estadounidense, primer presidente no aristocrático, era un rude pioniere del West, fue protagonista en 1829 del primer conflicto importante entre el Gobierno Federal y el mundo financiero, Jackson decidió enfrentarse al banco que actuaba como banco central, el llamado "Banco de Estados Unidos". Después de una gran lucha política, logró no renovar el mandato de veinte años que tenía el banco y que había sido establecido años antes por el gobierno estadounidense.

Se dice que en su lecho de muerte a la pregunta: cuál fue el mayor éxito de su vida, - respondió: "Yo maté a los bancos".

Esto es para dejar claro que en el mundo financiero siempre ha estado latente la tentación de prevalecer y aprovechar de todos los demás sectores.

Los baby boomers, nacidos después de la Segunda Guerra Mundial, criados en abundancia, mimados por las familias, se convirtieron en una buena parte en la generación de la contestación en los años 60 y 70, los maestros de una moral superior, moral que despreciaba profundamente y aún hoy desprecian todo lo que viene del pasado.

Esta es la generación que en gran parte más ha contribuido para llevar a Estados Unidos al colapso moral y económico de hoy.

Se sabe que un árbol se reconoce por sus frutos: si las ideas de 1968 hubieran sido buenas, a estas alturas, considerando que desde hace treinta años sus promotores son los que mandan, deberíamos haber traído el cielo a la tierra. Las generaciones anteriores tan despreciadas les habían dejado un país fuerte, dinámico, lleno de oportunidades para todos, tan fuerte que aún hoy después de la gran obra de destrucción, (un pillaje de adentro hacia afuera, de Estados Unidos a China y de la clase media a las élites),- aún en 2020 el país sigue siendo una superpotencia. Pero la pregunta que debemos hacernos es: ¿por cuánto tiempo más?

**Los años de 1990 a 2020 han sido los peores treinta años de Estados Unidos desde la declaración de independencia, mientras que curiosamente de forma contemporáneapara China este mismo período de tiempo representa los mejores treinta años de su historia.**

Los babyboomers llegaron al poder en los años 90 y luego lo invadieron todo: tienden a querer confundirse con sus hijos y entre sus características también está el rechazo a la vejez. Por primera vez en la historia tenemos una categoría: nuevos "adultos adolescentes".

Hemos visto cómo los salarios han dejado de crecer desde mediados de la década de 1970. Y esta es la consecuencia de muchas cosas, veamos algunas de ellas.

Drogas y adicciones: hay aproximadamente 21 millones de estadounidenses que tienen al menos una adicción. Las muertes por sobredosis se han triplicado desde 1990. De 1999 a 2017, más de 700,000 estadounidenses murieron por sobredosis de drogas.
El abuso de drogas y alcohol le cuesta a la economía estadounidense 600 mil millones de dólares al año[1].

La infraestructura estadounidense está en grave decadencia. Veinticuatro de los treinta principales aeropuertos están al límite de su capacidad.
De los 615.000 puentes, 200.000 tienen más de cincuenta años y necesitan reparaciones.

Buena parte de las presas necesitan un mantenimiento urgente, la mayoría de las tuberías de agua potable tienen más de cien años y la mayoría de las líneas de transporte de energía se construyeron en los años 50 y 60. Hay 25,000 millas de vías fluviales, pero muchas dificultades de transporte debido a retrasos a su vez causados por infraestructura obsoleta.

Los parques nacionales, como los puertos, los ferrocarriles en el Corredor Noreste que tienen más de 111 años (incluidos puentes, túneles y conductos, también necesitan renovación).

El 32% de las carreteras urbanas y el 14% de las carreteras suburbanas no están en buenas condiciones.

El 24% de las escuelas necesitan reparaciones, faltan sistemas de reciclaje de residuos e inversiones en transporte público[2].

Los grandes sindicatos norteamericanos, junto con una burocracia casi soviética, han desarrollado reglas absurdas que hacen casi imposible construir nuevas infraestructuras, aumentando costos y tiempos. Si los comparamos con la situación dinámica del desarrollo de infraestructura en China, no hay comparación.

En el campo de la educación, el nivel de enseñanza en las escuelas primarias ha bajado mucho, en las escuelas secundarias y universidades hay pocos estudiantes de ciencias y matemáticas y en las universidades se favorece la llegada de estudiantes extranjeros porque pagan tasas más altas.

Hay escasez de científicos e ingenieros y exceso de abogados.

La deuda de los estudiantes estadounidenses con las universidades es de 1,64 trillones de dólares, una cifra absurda que dice mucho sobre el comportamiento moral real de las universidades estadounidenses[3]. Una cifra que no tiene sentido desde el punto de vista económico y social, lo cual no es en absoluto justificable.

La industria manufacturera ha desaparecido casi por completo y con ella el trabajo de calidad.

La NASA, después de llevar al hombre a la luna en la década de 1960 y algunos éxitos con el transporte espacial, está muy por detrás, especialmente en comparación con su contraparte china.

Como vimos en el capítulo anterior, es muy serio que Estados Unidos no haya podido desarrollar 5G y muchas otras tecnologías fundamentales a tiempo.

Todos los fondos de pensiones están en crisis y aunque parezca increíble, la mayoría de estos fondos están invertidos en parte en acciones de empresas chinas, que en muchos casos son acusadas por el gobierno de Estados Unidos de formar parte de la estructura militar china, empresas que fabrican armas para combatir a Estados Unidos y financiadas con fondos de pensiones de trabajadores estadounidenses.

A todo esto se suma el problema de la corrupción que ha llegado a niveles institucionales.

Los antiguos romanos decían que "no todo lo que es lícito es honesto", si queremos mirar las cosas solo desde el punto de vista jurídico, pero esto no significa que muchos hechos, aunque lícitos, no sean inaceptables desde un punto de vista ético.

Algunos casos están a la vista. Para aquellos que quieran saber más, se recomiendan los libros escritos por Peter Schweizer. Los casos presentados son de políticos demócratas y republicanos, la corrupción es trasversal y a todos los niveles.

Por ejemplo, ex presidentes que reciben millones de dólares de instituciones financieras o gobiernos extranjeros por discursos de pocos minutos, todos con el objetivo de comprar acceso al gobierno estadounidense y con la participación del ministro responsable de la política exterior en el cargo en ese momento.

Un vicepresidente titular que llega a Beijing con su hijo, ambos descienden al mismo tiempo las escaleras del Air Force Two y mientras el vicepresidente negocia con el gobierno chino, el hijo cierra un trato de $ 1,500 millones para establecer un fondo de inversión con Empresas chinas en parte propiedad del gobierno.

El hijo y hermano de presidentes que negocia grandes contratos de chips para computer con potencial uso militar con China lucrando de los contactos de su familia.

El hijo de un secretario de estado titular junto con el hijo del vicepresidente titular hacen negocios con los gobiernos chino y ucraniano mientras sus respectivos padres negocian con esos mismos gobiernos.

El gobierno de Estados Unidos hace un préstamo de 1.800 millones de dólares al gobierno de Ucrania que por casualidad, es administrado por el socio en Ucrania del hijo del vicepresidente y el hijo del secretario de estado.

Un secretario de transporte que es hija de una persona que posee una gran flota naval para comerciar con China, el padre y la hermana, son miembros de juntas directivas de empresas Chinas que estan en el corazón del sistema financiero, industrial y militar de China.

Ahora es una tradición en el Congreso de los Estados Unidos que el poder se transmita de padres a hijos y hay varios ejemplos en el libro.

El yerno de un presidente que es un enviado especial para Medio Oriente, mientras que su padre va a negociar un trato con un gobierno del mismo Medio Oriente.

Un financista de la campaña política de un presidente que aprovecha la acción de gobierno de su candidato contra algunas empresas del sector energético, para comprar acciones, cuando su precio baja por las decisiones políticas de su candidato.

Los libros en cuestión muestran que ningún político recibe dinero directamente, pero todo el mundo lo hace a través de sus familiares o fundaciones dedicadas a promover "el bien del mundo". Todo sucede indirectamente.

Para los políticos y burócratas también existe el sistema de la llamada "puerta giratoria": es un tipo de corrupción en la que un político, un burócrata o un militar mientras aún está en el ejercicio de sus funciones, a través de ciertas políticas, favorece a algunas empresas para luego recibir un trabajo muy bien remunerado de la empresa en cuestión cuando deje su trabajo en el congreso o el gobierno.

En el capítulo sobre finanzas hemos expuesto muchas cosas sobre Estados Unidos: basta recordar dos cuestiones también sobre este aspecto: el primero es que en 1985 Estados Unidos se convirtió en un país deudor por primera vez en su historia, desde entonces, de país deudor a campeón absoluto de deuda universal.

En segundo lugar, no debemos olvidar nunca que la crisis de las hipotecas de alto riesgo de 2008 no fue, como lo hicieron parecer, algo que sucedió de repente, sino que se hizo conscientemente. Los encargados de los bancos sabían muy bien lo que estaban haciendo y los riesgos involucrados, no hace falta ser un experto financiero para entenderlo: cuando estalló la crisis, el gobierno estadounidense tuvo que pagar 1 trillón de dólares de inmediato, pero luego, en los años siguientes, nadie fue a la cárcel, nadie se disculpó, ninguno de los perpetradores perdió su riqueza, la isla en las Bahamas, el yate, la Ferrari o el Lamborghini. No pasó nada, al contrario, en los siguientes tres años, el gobierno estadounidense hizo a las mismas instituciones financieras una donación adicional de 3,5 trillones.

No solo eso, es cierto que el juego de los préstamos subprime ya no existe, pero, la misma irresponsabilidad, el mismo mecanismo, la misma locura hoy en 2020, se ha trasladado a otros sectores: cosas como 16 trillones de deuda corporativa, 1,64 trillones en préstamos para estudiantes universitarios, 1,03 trillones en deuda de tarjetas de crédito, 1,2 trillones en deuda de préstamos para automóviles[4]. (Solo para tener una idea, por 1.2 trillones, se podrían comprar 53 millones de vehículos por $ 23,000 cada uno)[5].

Entonces, como se puede deducir, no es que el mundo de las finanzas no aprenda y no es como dijo la Sra. Lagarde, riendo muy divertida ensu broma sexista cuando era jefa del Fondo Monetario

Internacional, que si en lugar de Lehman Brothers el banco se hubiera llamado Lehman Sisters, ¡entonces las cosas hubieran sido diferentes! Hermanas o hermanos, compañeras o compañeros, ¡la cabeza es siempre la misma! Todo se juega bien sabiendo que cuando estalla el desastre, el gobierno siempre viene a remediarlo.

La crisis de 2008 y la forma en que se manejó es el verdadero resultado de una buena parte de la generación de los baby boomers, su tan cacareada protesta y su sentido de "justicia e igualdad".
Esa crisis destruyó una buena parte de Estados Unidos y el mundo, los ahorros de muchas familias, los fondos de pensiones, las industrias sanas y por eso ya no hay dinero para infraestructura, educación o muchas otras cosas esenciales.

La generación del 68 es en buena parte la generación de las finanzas y la codicia. La élite de los "camaradas" de esos años, siguiendo el razonamiento de Cloward y Piven con su estrategia de crisis, vive sin preocupaciones la decadencia Americana y esta decadencia es coherente con su visión del mundo.

Esta generación ha saqueado Estados Unidos entregando a los chinos todo el capital tecnológico, laboral e industrial acumulado durante siglos y al hacerlo, les ha entregado las llaves del destino de Estados Unidos.

Esta misma generación, para esconder los problemas reales como la gran concentración de la riqueza que sus políticas han generado, la falta de empleo real y la falta de democracia (con un país que hoy se parece más a una plutocracia que a una democracia), se ha inventado muy hábilmente una nueva "revolución cultural".

Hemos criticado tanto a los chinos por su revolución cultural en la época de Mao, todavía hoy nos escandalizamos por la violencia con la que lamentablemente destruyeron gran parte de sus 2.000 años de historia, pero no nos damos cuenta que Estados Unidos y con ella todo el Occidente está entrando en un proceso muy similar, un proceso de destrucción de su propia cultura y condena de su pasado. Destruir, desmembrar, corromper, deformar: este es el ideal, si podemos llamarlo así, que hoy tristemente por su desgracia, guía a Estados Unidos y una buena parte del mundo.

Lincoln y su discurso de Gettysburg parecen ahora muy lejanos.

Pero recordemos que Lincoln también había dicho: "Una casa que está dividida y lucha consigo misma no puede sostenerse". En cambio, estas palabras suyas parecen muy cercanas.

# CAPITULO 24

## Unión europea: el proceso de suicidio colectivo de un continente. Los peores veinte años desde la posguerra

Estamos en Reims en Francia. Un hermoso y soleado domingo de verano. Es el 8 de julio de 1962. Una multitud oceánica aguarda a ambos lados de la carretera. De repente se acerca un gran ruido. Llega una procesión de treinta motos, formando una "V" que escolta un gran coche descapotable negro. En el interior, dos personas saludan a la multitud. Al llegar a la gran plaza de la ciudad, la procesión se detiene frente a la antigua y hermosa catedral gótica de Notre Dame.Los dos bajan del automóvil: primero el gran canciller alemán Konrad Adenauer, hombre de gran elegancia y encanto, seguido por el general Charles De Gaulle, imponente y orgulloso. La multitud se vuelve loca. Los dos líderes representan a sus naciones con gran orgullo, solemnidad y sentido de la historia. Caminando uno al lado del otro, llegan a las puertas de la catedral donde les espera el obispo que los recibe en procesión y los conduce hacia el altar.

Juntos, los líderes más importantes de Alemania y Francia. Adenauer, el hombre que dió a Alemania y a Europa una Alemania democrática y liberal alineada con las grandes democracias en defensa del mundo libre contra el totalitarismo; De Gaulle, el hombre que devolvió a los franceses el orgullo, el sentido del estado, la unidad y la grandeza que inspiraron a Francia durante muchas décadas.

Un francés y un alemán, uno al lado del otro, entran a la catedral. Su propósito, esa mañana, era orar juntos. De rodillas ante Dios querían sellar la reconciliación oficial entre Alemania y Francia.

Después de la misa, el general De Gaulle, en el acta de las visitas, escribió las siguientes palabras:

À Monseigneur MARTY Archeveque des Reims.

"Excellence les chancelier Adenauer et moi meme venons dans votre cathedrals celler la réconciliation de la France et de l'Allemagne".

Charles-De-Gaulle, dimanche 8 juillet 1962 11 heures 02.

Hoy en conmemoración de ese día, en la catedral de Reims hay una placa con esas palabras:

A monseñor Marty obispo de Reims.

"Su Excelencia, el Canciller Adenauer y yo venimos a su catedral para sellar la reconciliación de Francia con Alemania".

Charles de Gaulle. Domingo 8 de julio de 1962, 11:02 am.

El lugar es muy interesante. La catedral de Reims ha estado en este lugar desde el siglo IV y esta catedral siempre ha sido partícipe de la historia de Francia y Europa.

Ha estado tan involucrada que en 1914, durante la Primera Guerra Mundial, el fuego de artillería alemana destruyó partes importantes de la catedral: la mayor parte del techo se derrumbó, numerosos elementos decorativos y las vidrieras se rompieron. La catedral fue destruida casi por completo después del bombardeo;fuè reconstruida en la década de 1930, solo gracias a la fundación Rockefeller. Durante la Segunda Guerra Mundial parte de la ciudad fue destruida por el avance alemán durante la invasión de Francia por los nazis, pero esta vez la catedral se salvó.

Demos un paso atrás en el tiempo nuevamente. Lunes 25 de marzo de 1957, 16.00 horas: las delegaciones de Italia, Alemania, Francia, Bélgica, Luxemburgo y los Países Bajos entran juntas en la Basílica de San Lorenzo Fuori Le Mura en Roma, una espléndida basílica del siglo VI, todos rezan frente a la tumba de Alcide De Gasperi, el primero primer ministro italiano de la posguerra, uno de los padres fundadores de Europa. Juntos, estos estadistas piden la bendición de Dios para "iluminar las mentes y guiar las manos...", en lo que pronto harán.

A las seis de la tarde se reúnen todos nuevamente en el Campidoglio, en el centro de la ciudad. El Campidoglio es un edificio histórico, con vista a una plaza diseñada por Miguel Ángel, con grandes salas con frescos y ubicado en una de las siete colinas sobre las que se fundó Roma, un lugar muy simbólico donde, más de 2000 años antes, se funda la ciudad que se convertirá en imperio y cuna de esa cultura greco-romana, esencia de Europa y luego del mundo occidental. Un lugar situado junto al foro romano, cuya historia se remonta al 460 a.C.

Ese día se firmarán los tratados que establecen la Comunidad Económica Europea y la Comunidad Europea de Energía Atómica.

Estos tratados se consideran el acto constitutivo de Europa.

Un momento muy alto y noble para Europa, después de la Primera Guerra Mundial, con sus cuarenta millones de víctimas y después de la Segunda Guerra Mundial que contó sesenta y ocho millones. Estos seis países se ponen de acuerdo y deciden que Europa debe estar unida para poder avanzar y no repetir los errores del pasado.

Los padres fundadores de Europa: De Gasperi, Adenauer, Monnet, Spinelli, Schuman, Churchill, por nombrar algunos de los más importantes, idealizaron una Europa con unión económica y política, pero que además sirviera para construir en los ciudadanos una identidad común, como complemento a sus identidades nacionales.

En particular, Alemania, encabezada por su magnífico canciller Konrad Adenauer, decide que sólo Europa puede derrocar lo que siempre han sido las tendencias HEGEMÓNICAS de una parte importante de la sociedad alemana; que Alemania debe ser europea y no que Europa debe ser germánica, como se intentó en el siglo XVIII y luego con la Primera y segunda Guerra Mundial.

Es interesante notar cómo este proyecto constitutivo de Europa nació básicamente bajo la égida de dos personas muy cercanas en cuanto a educación, pero también como historia política y personal.

Konrad Adenauer, primer canciller de la Alemania de posguerra; el segundo, Alcide De Gasperi, también el primer primer ministro italiano después de la guerra.

Juntos, fueron los hombres quienes dieron a Alemania e Italia respectivamente la oportunidad de poder reconstruirse a partir de sus propias ruinas.

Ambos permanecieron en el gobierno durante un buen tiempo y sentaron las bases para el desarrollo de naciones productivas prósperas y alineadas, junto a Estados Unidos, Francia y Reino Unido, frente al bloque soviético que en ese período amenazaba de manera concreta a Europa.

Ambos grandes estadistas y para decirlo en palabras de DeGasperi: "Un político mira a las próximas elecciones, un estadista mira a la próxima generación".

Ambos eran devotos católicos romanos, durante los años del nazismo y el fascismo ambos se arriesgaron porque eran opositores: Adenauer se refugió en la abadía de Maria Laach, mientras que De Gasperi tuvo que esconderse durante unos años en las bibliotecas del Vaticano.

De Gasperi había sido miembro del parlamento austro-húngaro alrededor de 1910, hablaba alemán con fluidez y esto facilitó la excelente relación entre los dos.

Si consideramos que Francia en su momento no había logrado aún después de la guerra, tener gobiernos fuertes y representativos y que el resto de naciones signatarias de este primer acto constitutivo eran naciones pequeñas a nivel europeo, podemos afirmar que esta primera fase del acuerdo sin duda fue principalmente obra de estos dos hombres.

Francia, a partir de la era De Gaulle, tendrá un papel mucho más central y protagonista en Europa, pero en ese momento todavía se encontraba en una fase algo inestable.

Cabe señalar también que el objetivo principal de estos acuerdos era sin duda iniciar un proceso de paz, unidad y prosperidad en Europa pero, en cuanto al fondo político, los principales objetivos eran básicamente tres y esto fue muy claro sobre todo para Adenauer y De Gasperi.

El primer objetivo era la cuestión alemana: Europa de una tierra de conquista para los alemanes ahora no se convertiría en una camisa de fuerza para Alemania, sino en otro tipo de paradigma para la sociedad alemana, con ideales y perspectivas más altas. Ya no una Europa germánica, sino una Alemania europea. Sólo esto podría garantizar la paz y la estabilidad para todos, incluidos los propios alemanes.

El segundo objetivo: los aspectos económicos, porque está claro que la unificación de los mercados solo podía traer ventajas.

El tercero: la creación de un bloque político y militar que, junto con Estados Unidos, se oponía al muy agresivo modelo comunista soviético de la época.

En general, tanto Adenauer como De Gasperi pusieron mayor énfasis en la centralidad del individuo, condenando enérgicamente tanto el nazismo como el comunismo, que consideraban cosmovisiones materialistas y enemigos de la dignidad del individuo.

Ambos tuvieron que oponerse dentro de sus propios partidos, la Democracia Cristiana en Italia y la Unión Demócrata Cristiana de Alemania, a las numerosas voces que querían la unidad entre el socialismo y el cristianismo, lo que según el pensamiento de ambos era antitético.

Un año después de la firma de estos acuerdos, se estableció la Comunidad Económica Europea, que como primera cosa abolió los aranceles entre los estados miembros.

Entre 1958 y 1986 la Europa de los seis se convirtió en la Europa de los doce con la llegada de Gran Bretaña, Grecia, España, Portugal, Dinamarca e Irlanda.

En 1986 se creó un gran mercado interno único con libre circulación de mercancías, mano de obra, capital y personas.

Desde entonces, las naciones han hecho todo lo posible para coordinar las políticas económicas y sociales en el campo agrícola, industrial, energético, medioambiental, transporte y muchas otras.

En 1992 se firmó el Tratado de Maastricht, dos años antes de la firma del tratado de 1994 de la OMC (Organización Mundial del Comercio), que conducirá al lanzamiento oficial de la globalización.

El Tratado de Maastricht es muy importante porque cambió por completo el paradigma de Europa (en primer lugar, la CEE cambió su nombre y se convirtió en la Unión Europea (UE).

La Unión Europea se ha expandido muy rápidamente y tiene 28 países miembros en 2020.

Con el Tratado de Maastricht, los estados de la UE se comprometieron a lograr la unión económica y monetaria mediante la adopción de una moneda única. Como consecuencia, el Euro nació en 2002.

Si queremos entender los problemas de Europa es importante mirar con más detalle el espíritu del Tratado de Maastricht y todos esos actos europeos firmados posteriormente en varios lugares como Lisboa, Niza y otros lugares, acuerdos que, como se mencionó anteriormente, han trastornado completamente el espíritu de los padres fundadores de Europa han creado problemas que son y serán muy difíciles de resolver.

Este Tratado muy ambicioso escrito, como siempre en Europa, no se sabe bien cómo y por quién, se puede dividir en tres capítulos.

El primero se refiere a la cuestión de la moneda común con la introducción del euro.

El segundo, la creación de una mega estructura europea muy antidemocrática y muy confusa con competencias en casi todo, no solo los grandes temas sino también los pequeños y muy pequeños.

El tercero se refiere a la creación de un mecanismo financiero europeo, también incomprensible, creado con el objetivo de debilitar a los gobiernos centrales y favorecer a los gobiernos regionales de cada país. Este es un mecanismo mediante el cual los estados están obligados a transferir parte de sus fondos nacionales a Bruselas y Bruselas los devuelve directamente a las regiones de cada país, sin pasar por los estados.

Cabe señalar que durante la Segunda Guerra Mundial el "Manifiesto de Ventotene" fue firmado en una isla italiana por un grupo de socialistas europeos. Este manifiesto propuso el debilitamiento de los estado-naciones mediante el fortalecimiento de regiones con un gran estado europeo en el centro. Todo tenía que funcionar en una economía socialista. Será una coincidencia, pero este Manifiesto se parece mucho a la segunda y tercera partes del Tratado de Maastricht.

En este punto de nuestro análisis es necesario hacer algunas consideraciones. El Tratado de Roma, que produjo el Mercado Económico Europeo, funcionó con algunas modificaciones hasta 1992 cuando se firmó el Tratado de Maastricht.
Durante 35 años, la Comunidad Económica Europea fue un grandísimo éxito, hubo un gran progreso económico, social y político, la CEE con sus principios básicos funcionó muy bien para todos.

Al fin de cuentas, se trataba de acuerdos bastante simples y democráticos, ya que muy pocos aspectos estaban reservados a la Comunidad Europea y la mayoría de las cosas se resolvian directamente a nivel nacional. La estructura de la Comunidad Económica Europea era liviana en términos de costos, burocracia y poder de decisión. Funcionó porque todo el sistema se basaba en principios de libertad y no de dirigismo. Desde el punto de vista monetario había mucha flexibilidad, porque cada país tenía su propia moneda y esto nunca le causó problemas a nadie. Había coordinación en la banda de oscilación de la moneda de cada país, por lo que ya antes del Euro había una armonía desde el punto de vista monetario:

El mercado actuaba modelando la realidad de cada país, día a día. En general, hubo un mercado sano, mucho más libre de las grandes lobbies y de las grandes corporaciones, estos acuerdos dieron grandes resultados.

El aspecto fundamental de estos acuerdos fue que nacieron de la convicción de valores comunes, provenientes de una historia de una cultura y un espíritu comunes, que pertenecían y pertenecen a toda Europa e individualmente, a particularidades, tradiciones y la cultura de cada nación.

El espíritu del Tratado de Maastricht es completamente diferente, Maastrich no es la evolución del tratado de Roma sino su completa contradicción.

Europa pasó de un sistema democrático, liberal, liviano, eficiente, simple, inspirado en valores profundos, a un sistema gerencial, burocrático, pesado, muy antidemocrático, planificado, con el vicio de querer estandarizar todo, en manos de las finanzas y las grandes corporaciones y sus lobbies internacionales, inspirados en la negación de los valores comunes, la historia común, la cultura común y sobre todo la anulación de todos los valores espirituales comunes que alguna vez pertenecieron a toda Europa e individualmente a las particularidades, tradiciones y cultura que se encuentran en el base de cada nación.

Lo que la Unión Soviética no logró hacer, lo está haciendo la Unión Europea.
No está claro cómo es posible que tan solo unos años después de la caída del muro de Berlín, en el que se vió claramente cual había sido la causa del fracaso de ese sistema político, la Unión Europea se haya inspirado a un sistema similar.

El comunismo ha fracasado porque siempre actúa sin considerar la realidad del mundo.

En el proceso de imponer su propia ideología, el comunismo, por la falta de democracia, obliga a la población a sufrir las consecuencias de la brecha entre la realidad y el modelo impuesto. El resultado siempre ha sido que al final todo se derrumba, generalmente arruinando a millones de personas, porque la historia nos enseña que incluso con las armas apuntadas, una situación construida de esta manera no funciona y nunca funcionará.

La Unión Europea quiere homogeneizar y controlarlo todo, legislar sobre todo, incluso sobre las cosas más triviales y privar a las cosas de su individualidad y variedad, que son la verdadera riqueza, promoviendo efectivamente la idea de personas, empresas y paísesdetalla única para todos.

Es inútil repetir que este sistema no funcionó con los comunistas y ciertamente no puede funcionar en Europa. Si bien la CEE fue un gran éxito, la Unión Europea desde el Tratado de Maastricht en adelante ha sido un fracaso que ha hecho muchos daños y hará más y más en el futuro.
La Unión Europea, tal como está diseñada ahora, es una realidad muy peligrosa.

**Los últimos veinte años, los que van del 2000 al 2020, han sido los peores para Europa desde el final de la Segunda Guerra Mundial.**

Alguien ha dicho en el pasado que "las civilizaciones y los grandes imperios nunca los mata nadie, sino que generalmente se suicidan". Si miramos la historia, esta frase se ha confirmado muchas veces.

***

Veamos algunos problemas en la práctica muy serios y comencemos con el Euro.

El Euro, la moneda europea, tiene el privilegio de ser un objeto único. Nunca en la historia se le había ocurrido a nadie crear una situación de este tipo: "una moneda para un estado que no existe y estados que existen pero se quedan sin moneda".

El 1o de enero de 2002, sin ningún tipo de consulta democrática, arranca esta locura denominada euro, inicialmente con doce países que, tras un largo proceso, se convierten en 17. Actualmente hay 332 millones de ciudadanos europeos que utilizan esta moneda.
Una moneda nacida de las mentes de las élites de la Unión Europea.

En Italia hay dos personalidades que se encuentran entre los padres fundadores del euro: el profesor Giuliano Amato y el profesor Romano

Prodi, ambos primeros ministros italianos durante el proceso.

Comencemos con algunas lecciones sobre la crisis del profesor Amato, quien al menos en este caso le debe ser reconocida la gran honestidad y el coraje intelectual para contar las cosas como son.

En resumen, el profesor nos dice lo siguiente.

En primer lugar, "tuvimos la Faustiana pretensión de controlar una moneda sin ponerla bajo la sombra o el paraguas de un poder caracterizado por los medios y formas propios de un Estado".

En segundo lugar, "en el pasado se habían realizado experimentos similares, pero no habían funcionado".

En tercer lugar, "el hecho de que quienes introdujeron el euro pensaron que podían triunfar en la empresa de hacer aparecer a la Unión Europea como un estado, dado que estaba dotada de un Parlamento, ciertas reglas e instituciones, pero se sabe quela Unión Europea no es un estado".

En cuarto lugar, "se decidió que las transferencias de poder a nivel europeo, los poderes de soberanía económica que están ligados a la moneda, eran demasiado comparados con lo que cualquiera de los estados miembros estaba dispuesto a hacer".

En quinto lugar, quienes hicieron el Euro se convencieron y trataron de convencer al mundo de que bastaría con coordinar las políticas nacionales para tener un espacio de convergencia económica y por tanto equilibrios económicos y fiscales dentro de la Unión para dar fuerza real a la moneda.

En sexto lugar, muchos economistas, particularmente estadounidenses, advirtieron: "será difícil tener éxito, no funcionará, porque si surge algún problema en solo uno de los países miembros, ese país no tendrá las herramientas para reaccionar".

En séptimo lugar, "los tratados también establecieron limitaciones que no permiten ayudar a los Estados en dificultad, por lo que todos deben resolverse los problemas individualmente".

Conclusión: "era realmente difícil que pudiera funcionar y todos hemos visto los problemas".

El segundo, el profesor Prodi, confiesa lo siguiente.

En primer lugar, "sabíamos muy bien que debían tomarse más medidas para dar al euro una base estable".

En segundo lugar, "estábamos muy convencidos de que las cosas continuarían".

En tercer lugar, el profesor se complace mucho en declarar que "con el euro se superó el estado nacional. Un estado es tal cuando tiene un ejército y una moneda. Al dar a todos los estados la misma moneda, se crea un gran laboratorio".

En cuarto lugar, "la crisis ha puesto de manifiesto la falta de pilares del euro".

En quinto lugar, sonriendo, advierte que "no hay vuelta atrás. Esta realidad que ha tomado forma es un laboratorio para el futuro del mundo".

Desafortunadamente, ambos fallaron en decir que el Euro fue diseñado para satisfacer las necesidades de un solo país; Alemania: un traje a la medida, con parámetros y restricciones que se adaptaban casi solo a Alemania y sus pequeños países satélites. Y esto ha sido así desde el principio, poniendo inmediatamente a los demás países en dificultades y a todo el sistema desde el principio en riesgo.

Como dijo Nixon en su discurso en el que anunció el fin de Breton Woods, "la fuerza de una moneda se basa en la fuerza de la economía de un país".

Se dice que las dos cosas más importantes que hace un estado es declarar la guerra y acuñar dinero y cuando se quita el dinero, gran parte de su esencia desaparece.

La cuestión es la siguiente: si tras las consultas democráticas los pueblos de Europa hubieran votado por los Estados Unidos de Europa (USE - Estados Unidos de Europa) y como consecuencia Francia, Alemania e Italia hubieran desaparecido y se hubieran convertido en estados federales como el estado de Francia encabezado por el gobernador Macron, el de Alemania con el gobernador Merkel, el de España encabezado por el gobernador Sánchez, con la desaparición en cada país de las fuerzas armadas, los bancos centrales, los jefes de estado, los símbolos nacionales y en alternativa nacería un estado federal completo con sus instituciones, con las fuerzas armadas federales, congreso y senado federales, cortes federales y un gobierno federal encabezado por el presidente de los Estados Unidos de Europa, Donald Tusk (en 2020 presidente del Eurogrupo),si ese hubiera sido el caso, entonces el euro habría tenido una lógica, un sentido y el sistema podría haber funcionado. (Es curioso pensar que los "GENIOS DE LA LÁMPARA" que inventaron el euro la única institucion que crearon 100% federal fue el Banco Central Europeo. Probablemente fue un desliz freudiano.)

Entonces, el primer problema con el euro es que, de hecho, no representa a nadie, o más bien representa a algo, la Unión Europea, que sin embargo no es un estado (además de esto, el orden de las cosas es crear primero un estado y solo cuando se hace el estado se crea una moneda, no al revés).

Si la Unión Europea no es un estado porque esto implicaría la abolición de todos los demás estados, entonces no puede haber un estado con otros estados dentro de él.

Por eso, tener una moneda única en estas condiciones es forzar una realidad objetiva, es ir en contra de la naturaleza de las cosas y como todas las cosas que van en contra de la naturaleza, genera un daño enorme.

"La naturaleza no rompe sus leyes". Y no es que, porque estemos tratando con los señores de Europa, la naturaleza pueda hacer una excepción. Todavía recordamos las palabras de Leonardo da

Vinci porque siempre son fundamentales: "La naturaleza está obligada por la razón de su ley que vive en ella", afirmación que básicamente significa que no hay actividad humana en la tierra que no esté sujeta a esta ley. Podemos desafiar a la naturaleza, pero tarde o temprano tenemos que volver porque de lo contrario ella será la que nos traerá de regreso y en la mayoría de los casos lo hará en forma rápida y brutal.

Ir en contra de la naturaleza y fingir que se le puede ignorar, es lo que nos ha llevado a esta crisis del Coronavirus y a muchas otras crisis.

Tener la arrogancia y la ignorancia de crear modelos ideológicos y dogmáticos sin sentido sigue la misma lógica que a su tiempo usaron Mao y Stalin con sus grandes LABORATORIOS económicos y sociales, sus revoluciones agrícolas e industriales que mataron a más chinos y rusos de la Primera y segunda Guerra Mundial juntas.

En Europa, nuestro muy complacido Profesor Prodi habla de un gran LABORATORIO (¡pero un laboratorio es un lugar donde se llevan a cabo experimentos!). Con el euro, estamos haciendo experimentos con 338 millones de personas. ¿Cómo se puede ser tan irresponsables de poner en circulación una moneda sabiendo que faltan los cimientos para hacerlo y que por tanto, es un proceso de construcción de una cosa sin terminar? Es una pregunta lógica, no polémica.

Si "la fortaleza de una moneda se basa en la fortaleza de la economía de un país", ¿cómo podría uno pensar en unir a Alemania con Grecia, con Portugal y con la propia Italia? Todos estados diferentes, cada uno con sus propias particularidades ¿Quién dijo que todos debemos ser iguales, "países de talla única"? La verdad es que antes del euro todos los países tenían monedas completamente diferentes, pero aunque diferentes había un sistema llamado SME de coordinación común, el cual funcionaba para cada país y como un todo para toda la comunidad de países Europeos. (SME sistema monetario Europeo).

Solo para dar un ejemplo, Italia antes de la introducción del euro era la quinta potencia industrial del mundo, la segunda manufacturera industrial en Europa después de Alemania. Un país que tenía una deuda pública del 100% del PIB, pero de la cual el 95% estaba en manos de familias italianas; el segundo país del mundo en ahorro después de Japón.

El propio Japón, que hasta hace poco era la segunda economía más grande del mundo, con un tamaño económico casi del doble que el de Alemania, si hubiese aplicado a sí mismo  los parámetros de Maastricht para estar en el euro , vería destruida su base industrial en un año, su mercado interno, sus exportaciones y por ende su armonía social quedaría completamente masacrada.

Japón tiene una de las mayores deudas públicas del mundo en relación al PIB, del 200% (recordemos que Maastricht acepta solo el 60%). Pero, al igual que como era en el caso italiano, el 95% de esa deuda está en manos de familias y empresas japonesas y como en el caso italiano, el país vive de sus exportaciones.

Europa ha actuado como un médico sin pasión que en lugar de mirar a un paciente por lo que realmente es, mira un libro con parámetros y sin mirar al paciente decide el tratamiento a aplicar, muchas veces causando grandes daños.

En este caso una mentalidad arrogante, estatista, dirigista, elitista y fundamentalmente muy mal informada, por no decir de mala fe, ha cometido lo que puede definirse como un "crimen".

Hay que agregar que todo esto se hizo con mucha prisa, en secreto, sabiendo que muchos países no eran aptos ni preparados para esos parámetros y en algunos casos prestando asistencia a través de la banca internacional para manipular los estados financieros y así traer el mayor número de países al sistema euro. (Ver el caso de Grecia y el futuro director del Banco Central Europeo).

¿Cómo se pudo pensar poner las economías de tantos países con realidades tan diferentes juntos todos en una camisa de fuerza?

Diferentes políticas fiscales, estructuras financieras y productivas, diferentes historias... Todo era diferente y por eso no pudo funcionar porque no se puede actuar contra la naturaleza, de hecho, lo que sigue son los resultados obtenidos desde la puesta en marcha del euro.

Un estudio de 2019 del Centro de Política Europea en Friburgo demostró que Alemania desde la introducción del Euro ha logrado "con una gran ventaja el mejor resultado"[6].
Al contrario, en cambio, Italia y Francia han sufrido una disminución de la prosperidad en los últimos veinte años.

El estudio encontró que Alemania y los Países Bajos son los únicos países que han obtenido beneficios significativos del euro (el estudio apenas fue publicado fue contradicho por muchos economistas favorables al actual sistema Europeo).

En Alemania, durante el mismo período de dos décadas, la nueva moneda creó el valor de 23.000 euros adicionales por habitante.

A partir del análisis, aquí está el impacto del euro de 1999 a 2017 en la prosperidad per cápita:

| | |
|---|---|
| Alemania | +23.116 euros; |
| Holanda | (país satélite y cercano a Alemania) +21.000 euros; |
| España | -5.000 euros; |
| Bélgica | -6.370 euros; |
| Portugal | -40.604 euros; |
| Francia | -55.996 euros; |
| Italia | -73.605 euros. |

El caso italiano es el más dramático de todos. La pérdida es brutal, porque Italia siempre ha tenido las exportaciones como su voz más importante en su composición del PIB, encontrándose así con una moneda que según varios economistas está al menos un 20% subvalorada para los alemanes y para Italia en cambio está sobrevalorada en al menos otro 20%, esto ha prácticamente masacrado la industria manufacturera, destruído el mercado interno y doblado el costo de vida, todo esto ha congelado al país en una inmovilidad total. Italia ha estado prácticamente en recesión durante casi doce años.

El caso francés también es dramático. Francia ha sufrido una gran pérdida y el continuo malestar social que se produce con la destrucción de muchas ciudades francesas está vinculado a esta situación.

Los costos sociales del euro en Europa son enormes, países como España, Francia, Italia y Portugal tienen un desempleo juvenil de hasta el 40%: esto significa una generación perdida ya que, desde un punto de vista demográfico, en estas condiciones es muy difícil formar una familia y por lo tanto las tasas de natalidad son muy negativas. Lo que significa que desaparecerán enteras poblaciones europeas.

El euro también ha favorecido la venta de los activos industriales de estos países a las grandes finanzas internacionales y a los chinos por poco dinero.

***

Hablando de Europa, no podemos evitar hablar del canciller Merkel.

No tiene sentido hablar de ningún otro líder europeo de los últimos años, si hay algo que caracteriza la historia de Europa en este milenio es la falta total de líderes y personas con conocimiento de la historia, la economía y de las ideas, que sean de derecha, izquierda o centro.

Todas son personas tan grises y mediocres que ni siquiera merecen ser nombradas, porque todas forman parte del mismo grupo. Desafortunadamente, no hay una sola personalidad que se destaque.

La Sra. Merkel, en cambio, no se puede ignorar, lleva quince años al frente de Alemania y por lo tanto, ha sido la protagonista absoluta de este período.
Estudiar a la señora Merkel es la cosa más útil que se puede hacer para estudiar la historia de Europa en este milenio.

La señora Merkel creció en Alemania del Este en la época del comunismo más rígido y dentro del país que aplicaba con mayor severidad y devoción las reglas y parámetros de los tratados impuestos por la unión política a la que pertenecía.

En ese país, en especial, era tristemente famoso por la eficiencia y exigencia de sus métodos el Ministerio para la seguridad del estado, la Stasi (un modelo en versión analógica de recolección de datos sobre toda la población que anticipó en parte el mundo digital actual).

Estudió física y química, quizás lo único que tiene en común con otra importante líder europea de antaño, la Sra. Margareth Thatcher, Primer Ministro Británico.

Para sobrevivir en un entorno tan hostil, tuvo que hacer compromisos: entre ellos, participar en la Asociación de Jóvenes Alemanes Libres, el movimiento oficial de la juventud comunista, de la cual fue miembro de la secretaría durante sus primeros pasos en la política.

En juventud se destacó bastante por su dedicación y vocación para los estudios científicos.

Si hay algo que la caracteriza como política es que no tiene una ideología precisa.

Esta es una gran diferencia con la Sra. Thatcher, quien (con razón o sin razón) puso su propia ideología en el centro de la acción de su gobierno.

No hay duda de que la Sra. Merkel es producto de la Alemania del este en la que creció, donde lo importante era sobrevivir, donde había que ser maestra en esconder sus ideas o mejor aún no tener ideas, por lo que, más que en convicciones ideológicas, su fuerza radica íntegramente en su capacidad científica para analizar los aparatos y las personas que los componen.

No son tanto sus méritos en mantenerla a flote, sino los defectos de los demás.

La Sra. Merkel se caracteriza porque siempre sabe esperar el momento adecuado para actuar y cuando éste llega lo hace de manera decidida y sin piedad.

Basta recordar que su promotor y mentor Helmut Kohl, canciller alemán durante muchos años, cariñosamente la llamaba "mi niña" y que la convirtió en la ministra más joven de la Alemania de la posguerra, fue destruido política y personalmente por ella. Fue la Sra. Merkel, con una gran sangre fría y dejando a todos sin palabras, la asesina política de Kohl, acusándolo de primera y abandonándolo rápidamente por un escándalo vinculado a la financiación ilegal del partido.

Si hay algo que la caracteriza es que siempre ha sido subestimada por los demás: parece una persona tímida y muy tranquila y en cambio tiene una mente muy analítica, usa políticamente su gran paciencia y es implacable.

Desde el punto de vista intelectual está muy claro que tiene una formación científica pero también está muy claro que carece por completo de estudios relacionados con la filosofía, la política y sobre todo con la historia, la señora Merkel no tiene una visión política del mundo y es por ello que en Alemania es famosa por hablar muy bien sin decir nada demasiado comprometedor.

En Angela Merkel no hay una gran visión, no hay grandes ideas y no hay convicciones. En cierto sentido la Canciller tiene cierta aversión por cualquier ideología y es por eso que incluso después de tantos años para muchos, desde el punto de vista de sus opiniones, sigue siendo un enigma.

Su falta de ideas ha sido sustituida por ser una muy buena defensora del establishment, no solo europeo sino también internacional: no es casualidad que sea lo que sea en la agenda internacional ella lo apoya, muy convencida del multilateralismo de las Naciones Unidas, de Greta Tumberg, defiende con gran convicción todo lo que concierne al aparato de la Unión Europea, en política exterior sólo defiende lo que concuerda con las mayores ONG internacionales (relacionadas con las finanzas globales), con lo establecido por los Think Tanks mas importantes, su mundo es Davos (donde se lleva a cabo la reunión anual de finanzas corporativas), donde siempre ha sido la mejor de su clase. En pocas palabras, en todo esto se refleja su formación científica, pero también su formación juvenil en un país donde el aparato, las reglas y los procesos lo eran todo.

Así como en los años de su juventud tuvo que aprender muy bien a tener paciencia y a disimular lo que realmente pensaba y esta se ha convertido en una de sus grandes fortalezas en política, de igual forma, acostumbrada a las grandes estructuras, se encontró muy bien en el mundo burocrático, político y corporativo en el que vivimos y en lugar de intentar cambiarlo o mejorarlo, se ha convertido en su mayor defensor.

Merkel, en lo que respecta a la política (y no a sus pensamientos personales, que respetamos), nunca ha tenido y nunca tendrá una visión romántica de Europa o cualquier otra cosa.

En conclusión, podemos decir que la señora Merkel tiene muchas cualidades, el problema es que las ha puesto al servicio de causas que lamentablemente han creado grandes problemas y sobre todo los crearán en el futuro.

De ella podemos decir que es un político de raza y de gran ambición, pero no es una estadista. Si recordamos  las palabras pronunciadas por De Gasperi después de la guerra: "Un político mira a las próximas elecciones, un estadista mira a la próxima generación", entonces vemos que la Sra. Merkel ha ganado muchas elecciones, porque lamentablemente siempre ha mirado a "las próximas elecciones" y es obvio y seguro que ella también lo sabe (porque es inteligente), que no ha mirado a la próxima generación.

Si pensamos en cómo le ha ido a Alemania a lo largo de los 15 años Merkel y miramos las cifras, no podemos más que felicitarla, pero hay un problema, el problema es que Alemania no es la Confederación Suiza y por lo tanto no es un país en medio a las montañas que se caracteriza históricamente por pensar solo en sí mismo y aprovechar de los problemas y las debilidades de los demás para enriquecerse, un país que se mueve solo, el problema es que Alemania bajo la guía de Angela Merkel se ha movido como si fuera la Confederación Helvética y no como el país que está en el centro de un sistema. Hay una total falta de visión y responsabilidad política. Si hubiera leído algunos libros de historia habría entendido que "a mayor poder económico, mayor responsabilidad", pero esto lamentablemente no sucedió. Si Estados Unidos se hubiera comportado así al final de la Segunda Guerra Mundial, hoy Alemania no sería más que un gran Kolchoz (nombre de lo que era una propiedad agrícola colectiva en la Unión Soviética).

La señora Merkel hace muy bien los intereses inmediatos, pero no los intereses futuros de su país y además, no hace los intereses de Europa.

La Sra. Thatcher, también muy práctica, expresó una vez este concepto: "Cuanto más integrada esté la comunidad europea, más dominada por los alemanes".

Lamentablemente, gracias a la gestión de Merkel, el problema de la "cuestión alemana" ha vuelto y lo que Alemania no pudo lograr con la Primera y la Segunda Guerra Mundial, parece haberlo logrado con la Unión Europea: hoy tenemos una Francia que de hecho está subordinada a Alemania, un Reino Unido que por esa absoluta centralidad de Alemania abandona la Unión Europea, una Italia despedazada y sin posibilidad de redención y una España políticamente desmembrada por la acción de la Unión Europea.

Estos son los países más grandes de Europa que ya no cuentan para nada. Hoy Alemania manda con sus monaguillos: países como Holanda, Finlandia, Lituania, Estonia y Luxemburgo.

Si nos remontamos mentalmente al inicio del proceso de integración Europea y al gran estadista que fue Konrad Adenauer, nos damos cuenta de que esa no era su intención. Y este hecho, en sí mismo, ya es un gran problema para Europa, porque Alemania está creciendo no haciendo crecer a sus socios, sino quitando algo a sus socios: basta con mirar su increíble superávit de exportación a otros países de la Unión. El aumento del PIB en Alemania corresponde al aumento de las exportaciones a otros países de la UE (en 2019, el 59% de las exportaciones alemanas eran dentro de

Europa)[7]. El actual es un modelo que produce económicamente riqueza en Alemania y pobreza en los otros países de la unión y todo esto no genera paz, sino división, discordia, inestabilidad política y como consecuencia resentimiento y partidos políticos extremos.

De hecho, otro punto negativo que nos deja la Canciller Merkel es el crecimiento de la extrema derecha en Alemania, consecuencia de la acción de su gobierno, algo que no había sucedido desde el final de la Segunda Guerra Mundial. Y esto es preocupante porque, si una persona tranquila como la señora Merkel ya ha logrado tomar decisiones de manera autocrática sin considerar la opinión de otros países y forzando las reglas con cierta arrogancia, qué pasará en Alemania si un político menos tranquilo y más arrogante llega al poder?

Entre estos momentos autocráticos y hegemónicos de la señora Merkel se podría recordar, por ejemplo, una reunión en el contexto europeo en la que el gobierno británico en su derecho vetó el presupuesto comunitario y ella, ignorando las reglas, intervino directamente con Bruselas para asegurarse de que el veto fuera ignorado.

En otra ocasión, sin preguntar al resto de países que están implicados en cualquier caso, dados los acuerdos para la libre circulación de personas por toda Europa, concedió el acceso a un millón de inmigrantes procedentes de Siria, pisoteando todas las normas y tratados europeos.

Todos los italianos recordarán durante mucho tiempo la forma arrogante e irresponsable de aquella vez, en la que junto al deprimente presidente francés Sarkozy, durante una rueda de prensa se rió divertidamente (ella que está tan poco acostumbrada a reír), burlándose del gobierno italiano que ya estaba en serias dificultades y bajo ataque especulativo por las finanzas internacionales, enviando así una señal a los bancos, con la consecuencia de que el Gobierno elegido democráticamente en poco tiempo cayo, dando paso a una terrible y profunda crisis económica y política en Italia.

Esto es solo para dar algunos ejemplos.

Dijimos y repetimos si una persona tranquila como Angela Merkel ya se ha comportado de esta manera hacia Europa, qué debemos esperar de los futuros líderes alemanes menos tranquilos y más acordes con la natural "tendencia hegemónica" del comportamiento de los líderes alemanes del pasado?.

¿Qué debemos hacer a partir de ahora? ¿Ir a la iglesia y encender una vela propiciatoria cada vez que hay elecciones en Alemania?

Bajo el liderazgo de la Sra. Merkel (quien tímidamente y muy delicadamente dijo que no estaba de acuerdo) Europa provocó una crisis muy grave en Libia, donde la Francia conservadora de Sarkozy junto con el gobierno estadounidense de la época, con la señora Clinton como secretaria de Estado, bombardeó Libia sin motivo que aún hoy alguien haya explicado o entendido, eliminando directamente a gran parte del gobierno libio y dejando al país sin guía. La risa fuerte y burlona de la Sra. Clinton mientras relata está loca intervención resonará durante muchos años y mientras tanto, durante muchos años tendremos que lidiar con las consecuencias de la guerra civil en ese país que desde entonces ha desatado la pobreza y una avalancha de refugiados hacia Europa.

Otra crisis provocada por Europa fue la de la "Primavera Árabe", también en este caso con el apoyo de Estados Unidos, con el estallido de la guerra civil en Siria, que continúa hoy y la desestabilización de Egipto. Estas crisis también han puesto a países como Argelia, Marruecos y Túnez en serias dificultades.

Sumamos la crisis con Rusia y Ucrania en la que la Canciller Merkel desempeñó el papel de una protagonista absoluta. En Ucrania, la Unión Europea, incluso más que los estadounidenses, se introdujo en los delicados equilibrios políticos de ese país, creando cambios de gobierno, una guerra civil con miles de muertos, una crisis económica y agregamos, el alejamiento de Rusia de Europa.

En el 2014, con el objetivo de sancionar a Rusia, la Unión Europea le impuso sanciones económicas, aún activas en 2020, algo inaudito.
Las sanciones contribuyeron al colapso del rublo y la crisis financiera rusa de 2014 y también causaron daños económicos a varios estados europeos, por un total de pérdidas estimadas en varios miles de millones de euros.

Desde un punto de vista estratégico, estas sanciones fueron el mayor regalo que Estados Unidos y Europa dieron a los chinos, ya que obligaron a Rusia a una alianza forzosa con China.

Todas estas guerras y revoluciones se han convertido en crisis económicas, emergencias humanitarias, han facilitado el nacimiento de movimientos fundamentalistas y han creado millones de refugiados, particularmente de países musulmanes en Europa.

Añadimos también el tema de los refugiados, gestionado por la Unión Europea y Turquía. Esta crisis también vió a la Canciller como la protagonista absoluta, después de una gran negociación el resultado fue el sometimiento total de Europa al chantaje del presidente turco.

Para completar el panorama de la gestión de parte de la política exterior de Merkel y de Europa, queda la cuestión de Estados Unidos.

Alemania tiene un conflicto abierto con Estados Unidos, en el que corre el riesgo de arrastrar a toda Europa, ya que tiene una balanza comercial muy desbalanceada a favor de Alemania con Estados Unidos, esta situación se ha mantenido durante muchos años.

El gobierno de los Estados Unidos se queja de que no existe reciprocidad, particularmente en lo que respecta al sector automotriz.
Además, Estados Unidos se queja de todos los miembros de la OTAN, pero especialmente de

Alemania, de que no se paga la cuota de defensa necesaria. El gobierno estadounidense no está del todo equivocado en este punto, las fuerzas armadas alemanas son conocidas por estar reducidas a un estado lamentable, hay falta de dinero incluso para las cosas más esenciales. Ciertamente no es correcto para Europa y la alianza con los Estados Unidos que Alemania, que tiene una gran disponibilidad económica, confíe su defensa a otros con todos los costos financieros, sociales y políticos que esto conlleva.

En los últimos años, el conflicto entre Alemania y Estados Unidos se ha agravado mucho, porque la señora Merkel, siempre que ha tenido la oportunidad, no ha ocultado su fastidio personal por parte de Estados Unidos y por el gobierno estadounidense. (Kohl nos recuerda que la gratitud no es el punto fuerte de ella). Como conclusión de todo este proceso, el gobierno estadounidense ya ha anunciado la retirada de casi 9.500 soldados de Alemania para 2020, un acto que no se había producido desde el final de la Segunda Guerra Mundial.

Henry Kissinger, exsecretario de Estado de Estados Unidos, dijo una vez: "Sin una relación transatlántica, Europa estará a merced de China y se convertirá en un mero apéndice de Euro-Asia".

Es desde principios de 2020 que Merkel parece querer tomar el camino que conduce a la ruptura de la Alianza Atlántica. Ya ha lanzado algunas frases bastante claras en este sentido, como, por ejemplo: "Los europeos deben echar una nueva mirada al mapa y pensar muy bien cómo reposicionarse".
"Debemos trabajar con el objetivo de crear algún día un verdadero ejército europeo".

Por primera vez desde la guerra, Alemania cancelo el G7 2020 que debería haberse celebrado en Estados Unidos (el encuentro más importante de los países aliados), declinando su participación.
La reunión fue reprogramada.

La reunión fué reprogramada para septiembre 2020 y luego reprogramada una segunda vez, mientras tanto en septiembre 2020  se realizo la reunión Europa-China en Alemania.
El mensaje diplomático de Alemania es muy claro: desprecio por Estados Unidos y gran interés en China.
El comportamiento de la Canciller está respaldado por la posición pro china de una parte importante de la opinión pública alemana, un caso único en

Europa según un artículo del CEIP de marzo de 2020, en una encuesta de 2019, se pidió a los alemanes que posiciòn  asumirían en un conflicto entre Estados Unidos y China. El resultado fue: 73% neutral, 6% a favor de China, 10% a favor de Estados Unidos, cifras completamente diferentes en comparación con Francia, Italia,  España y los países del norte de Europa. Otra encuesta de 2020 mostró que 32% de los alemanes ve a China como el mejor socio para Europa (el doble que en Francia). En otra encuesta de 2019 se encontró que el 34% de los alemanes tienen una imagen favorable de China y solo el 39% están a favor de Estados Unidos, una diferencia de solo cinco puntos que fue la más baja de toda Europa, en comparación con 15 puntos de diferencia en Francia, 19 en Reino Unido y 25 puntos en Italia[8].

En los últimos años, China se ha convertido en el segundo mercado de exportación más grande para Alemania después de Estados Unidos y para 2020 podría pasar al primer lugar.

Alemania tiene muchas tecnologías y en particular, produce muchas máquinas que son de interés para China.

Su balanza comercial casi siempre está próxima al equilibrio.

También es el país con el mayor número de inversiones chinas después del Reino Unido.

La política del gobierno alemán durante todos estos años hacia China ha sido de gran cercanía. El gobierno de Merkel nunca quiso ser un antagonista a costa, en algunos casos, de ir en contra de la política de toda Europa.

Durante años, las empresas alemanas han ganado mucho dinero en China y esta es la razón por la que nunca se han quejado de las tácticas comerciales aplicadas por los chinos.

Durante años, China ha sido un mercado muy importante y lucrativo para Berlín y nada más y dado que Alemania es la potencia dominante en Europa, esta actitud ha llevado a la división.

Durante años, el objetivo más importante del gobierno alemán ha sido evitar cualquier discusión con el gobierno chino por temor a represalias contra las empresas alemanas en China, lo que significó que cuando Francia y el Reino Unido por ejemplo participaron en operaciones militares con aliados en el mar de China meridional, Alemania guardó silencio total enviando a China el mensaje de división total dentro de la Unión Europea.

Este silencio total por parte del gobierno de Merkel, su indecisión total sobre su comportamiento con China, está comenzando a recibir críticas incluso dentro de Alemania.

Sorprendentemente, en enero de 2019, el BDI, que es la Federación de Industriales Alemanes, que durante muchos años, por miedo, evitó cualquier crítica a China, tomó coraje y declaró abiertamente que China es un "competidor sistémico" y que no es cierto que evolucione hacia una sociedad inspirada en un modelo más liberal[9].

El gobierno alemán durante años ha justificado las políticas consideradas autoritarias de China explicando que dicho país se volvería más democrático a medida que se fortalecieran sus relaciones económicas con el resto del mundo.

El BDI no se ha limitado a criticar las condiciones comerciales en las que tienen que operar las empresas alemanas, sino que también expresó su preocupación por el aumento de la vigilancia y el control bajo el gobierno de Xi Jinping. "Nadie puede ignorar los desafíos que China está dirigiendo a Europa y Alemania", dijo el presidente del BDI[10].

Las empresas alemanas tienen mucho miedo de hablar libremente debido al castigo que podría seguir. Todos todavía recuerdan muy bien la humillación infligida al grupo Mercedes por un pequeño detalle que no gustó al gobierno chino en un anuncio.

Si queremos resumir la política del gobierno de Merkel hacia China, podemos decir que es de un oportunismo total. Y como era de esperar, cuando las cosas se hacen mal, lamentablemente ahora incluso la propia Alemania empieza a temerle a China.

La gran preocupación es que, durante todos estos años, China ha comprado y logrado apoderarse de buena parte de la tecnología alemana. Un caso muy llamativo fue cuando, por ejemplo, en 2016 China de un solo y sorpresivo golpe compró una de las mayores empresas de robótica de Europa, Kuka, que era alemana, trasladando presumiblemente toda la tecnología a su propio país.

Otro caso interesante fue cuando el gobierno de Merkel en 2016 autorizó la venta de una empresa llamada Aixtron, un fabricante de chips con la tecnología necesaria para operar el sistema de defensa antimisiles Americano Patriot.

El tema era tan grave que el gobierno de Washington obligó al gobierno de Merkel a retirar esta autorización, pero este asunto realmente dice mucho sobre el oportunismo y el poco compromiso del gobierno alemán con la Alianza Atlántica.

Queriendo ver la cuestión a nivel de sistema, las cosas están así: Alemania tiene muchas empresas grandes y además, como Italia en particular y otros países de Europa, también tiene una industria de nicho muy grande, principalmente en el sector mecánico, químico y otros sectores, con miles de pequeñas y medianas empresas, muy a menudo familiares. Los alemanes son sin duda los mejores en Europa y entre los mejores en el mundo para hacer sistema, pero el punto importante es que son estas empresas las que forman la base de la tecnología y la manufactura europeas.

Con las políticas de la Unión Europea, muchas empresas de este tipo que están ubicadas fuera de Alemania han sido reducidas y destruidas en beneficio de Alemania. Durante los últimos 15 años, Alemania ha transferido una parte importante de esta tecnología recolectada en toda Europa a China, obteniendo ganancias que podemos llamar de corto periodo, el problema es que ahora las cosas están cambiando, porque los niveles tecnológicos en comparación con China ya no son los mismos. Prueba de ello es el proyecto "Made in China 2025", que es esencialmente un desafío frontal para Europa y Alemania en particular. Entonces nos preguntamos, ¿qué se puede esperar de esta política a corto plazo? La respuesta sin duda es que en un futuro no muy lejano Europa se convertirá en un importador neto de maquinaria y tecnología de China, lo que ya está sucediendo y sucederá cada vez más.

La emergencia del Coronavirus será una oportunidad más para que China siga comprando grandes, medianas y pequeñas empresas con un valor tecnológico muy importante a precios muy muy bajos.
Si el mundo industrial alemán está en pánico y ha encontrado el coraje para decirlo abiertamente, significa que este escenario es más que plausible.

Si la Sra. Merkel en su juventud, en lugar de solo leer libros de física y química, también hubiera leído algún libro de fábulas, como por ejemplo la del granjero que mató a la gallina de los huevos de oro que le hacía un huevo de oro diario, por querer obtener todo el oro de inmediato, quedándose sin la gallina y sin los huevos, tal vez hubiera entendido a tiempo, que probablemente habría sido mejor no destruir el mercado europeo para privilegiar la transferencia de tecnología hacia china.

***

Para completar el tema de Europa, no podemos dejar de hablar de Grecia, cuyo caso representa todo el drama europeo.

Antes de la introducción del euro y del Tratado de Maastricht, Grecia era un país con una gran marina mercante y una economía que no era particularmente brillante, pero que permitía a los griegos llevar una vida sencilla pero digna, con todos los errores y limitaciones impuestas por modelos conservadores y socialistas en la Europa de la posguerra.

El caso de Grecia es muy parecido al de las hipotecas subprime en América, un país que no tenía las condiciones para asumir tantas deudas a las que Europa llegó proponiendo y ofreciendo mucho dinero fácil para financiar muchas obras inútiles y mucho consumo a crédito, sin que hubiera como poder pagar estos créditos. Debido a esta peligrosa e imprudente política, la exposición de los bancos alemanes y franceses en especial en Grecia al estallido de la crisis era de más o menos de 200 mil millones de euros.

Dando un paso atrás, también hay que recordar que para permitir que Grecia entrara en Europa, un famoso banco de inversiones estadounidense sirvió como consultor para manipular sus cuentas públicas y hacerlas aparecer en orden, algo de lo que se dice eran conscientes los principales gobiernos europeos.

En el caso italiano, la situación anterior al Euro era muy similar: se dice que el Gobierno italiano manipulo también las cuentas para entrar en la moneda europea y lo había hecho con el conocimiento de los gobiernos francés y alemán de la época, muy interesados en la entrada de Italia al Euro. (Sabemos que todo esto ha tenido muchas consecuencias negativas pero los italianos y los griegos no pueden culpar solo a Europa por estos hechos).

Para resolver la crisis de 2008, provocada por los bancos europeos, en su mayoría alemanes y franceses que prestaron una gran cantidad de este dinero sabiendo que difícilmente sería devuelto, se hicieron dos cosas.

La primera HISTORICA: como los bancos eran alemanes y franceses, por un momento se pensó como Europeos, una responsabilidad colectiva que desde entonces nunca se volvió a ver, se utilizó el dinero de todos los europeos para salvar a los bancos con la excusa de Grecia.

La segunda: Grecia quedo atrapada en un círculo vicioso de penuria con un enorme coste social y económico, del que difícilmente saldrá en poco tiempo.

Mientras tanto Turquía, el vecino de Grecia con su gobierno que quiere dominar el mundo islámico, ha aprovechado para llenar el país de inmigrantes.

Habiendo abandonado Grecia a su suerte, China ha llenado hábilmente ese vacío creado por Europa.

El futuro de Grecia pronto podría parecerse mucho a lo que podría llegar a ser toda Europa si se continúa con el modelo actual: una colonia china desde un punto de vista político y económico y una colonia turca desde un punto de vista social.

En ausencia de Europa, China ha ocupado rápidamente su lugar: está haciendo enormes inversiones en Grecia, incluida la compra de uno de

los puertos más grandes del Mediterráneo, El Pireo,
así como muchas otras obras de infraestructura.

# CAPITULO 25
## Rusia

El 19 de agosto de 1991, Boris Yeltsin, entonces alcalde de Moscú y miembro del Parlamento, se entera del intento de golpe de Estado contra el  presidente Gorbachov. El golpe fue organizado por un grupo de excomunistas que se oponian al nuevo orden.

Yeltsin, que ve llegar los tanques, en un acto de valentía decide ir a su encuentro, los confronta y convence a las tripulaciones para que se pongan a su lado.

Luego con dificultad, se sube en un tanque y dirige un discurso a la multitud. Con este acto retransmitido por televisión, Yeltsin hace fallar el golpe y Gorbachov puede volver a Moscú.

Pronto la Unión Soviética terminará oficialmente, nacerá la Federación  Rusa y Yeltsin se convertirá en su nuevo presidente.

Tras la caída del Muro de Berlín en la Unión Soviética se produce un gran desorden: en 1991 el primer intento de golpe de Estado, luego un segundo intento finaliza con fuego de cañón hacia la Casa Blanca sede del parlamento Ruso.

Las de 1991 son las primeras elecciones presidenciales libres en toda la historia de Rusia.

Si hacemos una comparación entre China y Rusia en ese mismo período histórico, podemos decir que Rusia tenía mucha más ventaja porque tenía en ese momento una gran industria, muchos más técnicos e ingenieros que los chinos y era un país con abundantes materias primarias.

Digamos que la gran diferencia entre Rusia y China es que China inició el cambio de forma paulatina, mientras que Rusia, muy mal e irresponsablemente asesorada por el Fondo Monetario Internacional y el gobierno de Estados Unidos, desencadenó una terapia de choque que significó hacer la transición de una economía socialista a una economía de libre mercado de una sola vez.

Estrategia completamente absurda. Naturalmente, esto provocó una crisis económica muy grave con una caída del producto nacional y de la producción industrial de más del 50% en cinco años.

Las privatizaciones desacertadas básicamente significaron la cesión de empresas estatales a personas con vínculos gubernamentales.

Muchos de estos individuos sacaron miles de millones de dólares y activos fuera del país, saqueándolo con una gran fuga de capitales.

Todo esto condujo a una recesión económica masiva y elevó la tasa de pobreza teórica del 1,5% de la Unión Soviética de los últimos años a casi el 50%[11].

Esta estrategia significó que el país abrió todas sus puertas, incluso a los especuladores internacionales, a las ONG de todo tipo y a todo ese grupo de intereses globales que vieron la oportunidad de influir y hacer negocios en Rusia.

Todo esto implicó mucha corrupción, mafia y muchos delitos violentos.
A esto hay que agregar que las repúblicas que formaban parte de la Federación Rusa comenzaron a pedir autonomía y buscar la desintegración del país.
Países enteros de un momento a otro terminaron en manos de las mafias.

Para agravar el panorama estaban las numerosas insurrecciones de los islamistas separatistas en Chechenia.

A esto le sumamos que Rusia tuvo que asumir todas las deudas de la Unión Soviética y esto provocó una crisis financiera muy grave en 1998, una crisis que aumentó aún más el nivel de pobreza y bajó el Producto Interno Bruto.

Aún hoy uno se pregunta cómo es posible que el mundo occidental no comprendiera el gravísimo peligro que se produjo en esos años de gran inestabilidad, ya que la Unión Soviética era un país con miles de ojivas nucleares, armas químicas y armas de todo tipo. El país estuvo muy cerca de la guerra civil y la desintegración. También estuvo en manos de grupos mafiosos que pudieron haber vendido estas armas en el mercado negro, llevando el mundo entero a una desestabilización, que pudo haber terminado en una masacre nuclear o en el estallido de una guerra biológica.

Después de Yeltsin vino Vladimir Putin, que supo domar la revuelta en Chechenia, someter a las repúblicas rebeldes en manos de las mafias al gobierno central, reducir el papel de los oligarcas, reconstruir el país en todos sus aspectos, incluidas las fuerzas armadas, asegurándose de tener un control total por parte del gobierno.

En solo unos pocos años, Putin logro reducir la pobreza en dos tercios, aumentar las pensiones y aumentar la productividad. En el año 2000 el salario promedio era de 700 Rublos, en el 2012 de 29,000 rublos[12].

Desde el inicio de las sanciones la economía Rusa sigue bastante estancada, sin embargo, hay que decir que en Rusia no ha sido posible independizar la economía de la dependencia del petróleo y el gas.

En Estados Unidos y Europa buena parte de la clase dirigente mantienen su intención de desestabilizar a Rusia como si todavía fuera la Unión Soviética, no entienden o fingen no entender que si cae el gobierno de Moscú, existe el riesgo de una masacre a nivel euroasiático y una crisis que también podría acabar implicando armas nucleares con riesgos reales para Estados Unidos, Europa y el resto del mundo.

Como se anticipó en el capítulo sobre Europa, debido a los conflictos con Ucrania, Estados Unidos y la Unión Europea bajo el liderazgo de Angela Merkel, en el 2016 se aplicaron sanciones a Rusia, estas sanciones siguen aún vigentes en 2020.

Estas sanciones no han aportado ninguna ventaja a Ucrania, todo lo contrario, no ha ganado Europa y en particular, han perdido sobre todo los países que exportaban a Rusia.

La posición de Alemania hacia Ucrania es de una doble moral y un oportunismo increíble. Por un lado Alemania ha sido la líder en Europa para aplicarle sanciones a Rusia y en teoría defender a Ucrania, por el otro lado, Ucrania tiene una gran ventaja estratégica y económica con el paso por su territorio del gasoducto Ruso que va hacia toda Europa. Alemania por un lado sanciona Rusia para salvar en teoría a Ucrania, mientras por el otro lado construye con Rusia la segunda fase de un gasoducto en el norte del Europa el Nord Stream II, que servirá principalmente para excluir a Ucrania del paso del gas por su territorio haciéndole perder una buena parte de sus ingresos y relevancia políticadebido al paso de gas Ruso.

En todos estos años se ha creado un muro de desconfianza entre Europa y Rusia y entre América y Rusia.

Rusia tiene temor de Estados Unidos, así como también muchos países excomunistas tienen temor de Rusia.

Rusia justifica sus preocupaciones con los siguientes argumentos:

-Estados Unidos promovió que todos los países excomunistas en la frontera con Rusia ingresaran a la OTAN.
-Estados Unidos rompió el tratado de defensa contra misiles balísticos firmado con Moscú en 1972.
-Estados Unidos desplego misiles anti-misiles en la frontera con Rusia, misiles que se pueden convertir de defensivos a ofensivos en unas pocas horas.

Rusia declara que tuvo que crear un sistema para contrarrestar el sistema estadounidense, comenzando nuevamente una carrera armamentista.

Parece verdaderamente absurdo que las relaciones entre Estados Unidos, Europa y Rusia sean similares o peores a las que existían en los tiempos de la Unión Soviética y la Guerra Fría.

Las verdaderas razones de esto no están claras para nadie. Rusia no es un país de santos en absoluto (ver el deplorable comportamiento de Rusia en Venezuela), ni es una democracia perfecta y dada la historia pasada se entiende la posición de temor de los países vecinos, pero tampoco es un país completamente antagonista de Europa o Estados Unidos. Ninguna persona cuerda en este momento puede pensar que las intenciones secretas de Rusia, sean invadir Europa o atacar a los Estados Unidos.

Esta actitud tan agresiva de Estados Unidos y Unión Europea son un misterio, realmente no está claro de dónde surge este contraste. No está claro por qué desde hace varios años Rusia se ve continuamente arrastrada dentro la política estadounidense y europea. Memorable en este sentido es el conflicto contínuo con el gobierno británico de David Cameron como el contínuo antagonismo por parte del gobierno Merkel.

No está claro por qué se quiere desestabilizar a Rusia y porque no se ven los peligros que esto conlleva. Existe la impresión de que se quiere que Rusia vuelva al 1991 cuando reinaba el caos total y existía la posibilidad de la disolución del país. No hace falta insistir en decir que este es un juego extremadamente peligroso.

Dado que es muy difícil encontrar explicaciones convincentes del motivo real de esta situación, podemos intentar plantear algunas hipótesis.

La primera podría referirse a que Rusia no juega el juego de la finanza global y del mundo corporativo, de pronto por esto a la finanza global no le gusta Rusia. Rusia se caracteriza hoy en día por ser un país muy conservador desde el punto de vista de la gestión de las finanzas públicas. Mientras que, en muchos países del mundo, como hemos visto, todo funciona en base a la deuda, Rusia actúa con una tendencia opuesta y tiene una relación de deuda pública/PIB del 16% (recordemos que en América es superior al 100%). Es un país con grandes reservas financieras, pero que no parece querer participar en tradicional juego de las finanzas globales y además no le ha dado mano libre en su territorio al mundo corporativo global.

La segunda hipótesis se refiere al sector militar. En particular, en Estados Unidos, el presidente Eisenhower en la década de los 1960 habló de un complejo militar-industrial y político: se refirió al entrelazamiento de intereses y negocios entre grupos industriales y representantes políticos del Congreso. En especial de los estados federales y los representantes al congreso de las localidades en las que se ubican estas industrias militares. El Presidente hablo de intereses económicos y políticos entre particulares, empresas, instituciones y contratistas de defensa.

La hipótesis es que a través de los centros internacionales de orientación y estrategia (los Think Tanks) que estas empresas financian indirectamente, podrían estar interesados en mantener una situación tensa con Rusia, con el objetivo de justificar una carrera armamentista al estilo de la Guerra Fría.

Parece absurdo, pero dada la cantidad de dinero que se gasta cada año en defensa, la tentación puede existir.

Otra hipótesis es la cuestión política. Rusia no ha querido alinearse con muchas ideas que son parte de la agenda global de muchos partidos predominantes en América y Europa. El aislamiento en el que se encuentra también podría representar una represalia en este sentido.

Otra hipótesis: la burocracia federal. En Estados Unidos, la CIA, el Pentágono y otros organismos diversos, expertos en política exterior, no se han actualizado. Después de cincuenta años de Guerra Fría, les resulta difícil abandonar esa mentalidad.

(Ver los neoconservadores que aman las guerras inútiles).

Otra hipótesis, nos lleva a pensar que las élites, los centros de estudios estratégicos, las universidades y gran parte de la clase política están involucrados en intereses con los chinos y por lo tanto, para evitar hablar de China y los riesgos que desde el punto de vista estratégico presenta para Estados Unidos y Europa, Rusia es utilizada como cortina de humo.

La última hipótesis es la más arriesgada y es pensar que muy inteligentemente los chinos presionan de alguna manera con todas las palancas a su alcance para asegurar que Rusia esté aislada y crear la situación en que para Rusia hacer tratos con los chinos siga siendo la única opción posible.

Se repite que las anteriores son solo hipótesis, ojalá algún día se explique con hechos y coherencia la verdad que esta detrás de esta absurda situación.

En cualquier caso, como ya se ha explicado, en el 2014 comenzaron las sanciones impuestas a Rusia, que se encontró entonces en una fase muy difícil, por estar completamente aislada. En ese momento crítico, China se ofreció como apoyo para aliviar la situación. Y poco después desarrollaron una alianza geopolítica y una asociación estratégica que incluye comercio, defensa, intercambios culturales que involucran a miles de estudiantes chinos en Rusia y por último, la participación de Rusia en la "Belt and Road initiative".

Desde 2014, China ha realizado grandes inversiones en Rusia y a cambio, Rusia ha concedido grandes oportunidades a China en el sector energético. En particular, se han establecido empresas conjuntas en el Ártico que han permitido descubrir y explotar nuevos campos de gas y nuevos depósitos minerales para exportar al mercado global.

En los últimos años, China ha abierto varias fábricas para la producción de automóviles en Rusia, así como ha puesto en marcha proyectos en el sector ferroviario y la construcción de puentes y carreteras.

China parece particularmente interesada en la Ruta de la Seda que pasa por el Ártico, es decir, por el norte de Japón hasta Alaska y atraviesa todo el norte de Siberia para luego llegar a Europa.

China y Rusia están desarrollando todas las infraestructuras necesarias para desarrollar esta ruta alternativa que se convertiría en la más rápida en llegar a Europa. Se convertiría como en un nuevo Canal de Suez.

Además, en el Ártico, los chinos junto con los rusos están invirtiendo en muchas expediciones científicas, laboratorios de investigación y rompehielos, en cuyos barcos Rusia tiene hoy todavía una ventaja tecnológica.

En cuanto al sector militar, desde el 2014 Rusia y China vienen participando en operaciones y maniobras terrestres, patrullas aéreas y operaciones navales conjuntas.

Durante muchos años, China fue el cliente más importante para la compra de grandes cantidades de armamento ruso.
Últimamente estas exportaciones han tendido a disminuir porque en el pasado China recibió el armamento, lo desmanteló, lo estudio, lo mejoró, lo transformó en otro producto que luego exporto a precios más bajos. Esto sucedió en particular con los aviones de fabricación rusa.

Las relaciones entre China y Rusia son un poco extrañas porque en realidad Rusia le tiene mucho miedo a China y sabe que está en una posición inferior en comparación con la potencia china. Sabe que China está muy interesada en sus grandes territorios y recursos naturales. En el pasado, la mayoría de los ejercicios militares que tenían lugar en territorio ruso se planificaron en un sentido anti-chino, pero hoy se hacen los mismos ejercicios militares, pero con la participación de los chinos. Una contradicción del pasado.

A pesar de la alianza con China, Rusia vende armamento a países antagónicos de China, como India y Vietnam.

De todos modos, es necesario reconocer que en esta situación de sanciones, China ha prestado un gran servicio a Rusia y haciéndolo se lo ha prestado al mundo manteniendo la estabilidad internacional. Su acción tuvo un efecto muy positivo en Rusia y en general, para el mundo. Como ya hemos explicado, habría sido un gran problema si Rusia hubiera quedado completamente aislada y desestabilizada.

Hoy en 2020, Rusia tiene un gran interés en restablecer plenas relaciones tanto con Europa como con Estados Unidos, pero todo dependerá de las elecciones 2020 en Estados Unidos y del cambio de visión en especial del establishment Americano.

# CAPITULO 26

## India un gran país

Otro país muy importante que no puede dejar de mencionarse en lo que respecta a la economía, China y las empresas tecnológicas, es India.

India es un gran jugador, una gran superpotencia. Una democracia parlamentaria con una población de 1.380 millones de personas. La democracia más grande del mundo.

India es un país que viene creciendo desde hace varios años con porcentajes que oscilan entre el 5 y el 8% anual.

Comparte una frontera con China donde durante muchos años, ha habido un conflicto entre los dos países.

Hubo una gran guerra con China en la década de 1960 y desde entonces ha habido combates en la región norte de Cachemira. Estos conflictos se mantienen todavía en 2020 con veinte soldados indios y cuarenta y tres soldados chinos entre muertos y heridos.

India y China son rivales y competidores con diferentes características de métodos y sistemas.

Si China es un tipo de gobierno fundado en una estructura de partido único, India es el sistema parlamentario más grande del mundo, con todas las ventajas y desventajas que ello conlleva. Cuando el gobierno de China toma una decisión, no debe discutir la práctica con nadie, en India el gobierno tiene que seguir procesos más difíciles y por lo tanto, más lentos.

La economía y la mentalidad de los dos países son muy diferentes.

En China, dentro de la actividad industrial, la rápida y veloz ejecución es la parte donde sobresalen, en esto los chinos expresan una habilidad muy grande, pero en contrapeso tienen una cierta limitación en la creatividad, limitación que es reemplazada por una gran capacidad de imitación y reproducción de grandes volúmenes.

En India, en cambio, la mentalidad es muy diferente: estamos hablando de un país donde la innovación está muy presente y este factor podría ser de gran ayuda para mirar hacia la economía del futuro.

India tiene una buena oferta de mano de obra de bajo costo, pero, al mismo tiempo, tiene habilidades creativas en ciencia, ingeniería y marketing, características en las que los chinos generalmente son menos predispuestos. No es por eso casualidad que los indios se encuentren entre los primeros del mundo en producción de software.

El hecho de que India sea una sociedad libre a largo plazo podría favorecerla mucho más que a China, ya que los problemas sociales y políticos en el sistema indio tienen válvulas de escape, mientras que, en la situación china, donde todo está controlado no es así.

Si por casualidad como es normal surgen crisis o una desaceleración económica temporal, todo el malestar permanece dentro del sistema con los riesgos que esto conlleva.

Otra ventaja de India sobre China es el hecho de que su población es mucho más joven que la de China, en donde por muchos años estuvo prohibido tener más de un hijo y por eso, la población china es más anciana. Los indios, por otro lado, tienen una población muy joven y a largo plazo, son potencialmente más dinámicos.

Otra ventaja de India es el hecho de que una gran parte de la población habla inglés y esto ayuda a comunicarse con el resto del mundo, lo que no es fácil para los chinos, ya que pocos hablan inglés.

El mayor problema de India es la falta de una buena infraestructura. En esto, China es muy superior a India, en este sentido por el momento podemos decir que China está muchicimo mas adelante.

India y Rusia son grandes aliados. India es un cliente importante de la industria de defensa rusa. China, por su parte, tiene una gran alianza estratégica con Pakistán que durante muchos años, también en la región de Cachemira, siempre ha tenido un conflicto abierto y potencialmente muy peligroso con India, dado que ambos países tienen armas nucleares.

Sin duda, esto es una contradicción dentro de la alianza Rusia-China.

No podemos escribir de India y China sin mencionar el Tíbet, una tierra muy importante para una gran parte de la población india, porque el

Dalai Lama representa una figura importante en la sociedad India.

En 1950 el Tíbet, entonces independiente, fue invadido por la República Popular China, la cual gradualmente incorporó los territorios a su propio dominio.

Ante este peligro, el Dalai Lama, quien es el líder espiritual del budismo, se mudó primero a un lugar desconocido cerca de la India y luego, después de que Mao declarara que era "un deber reunir esta región occidental de China con la patria", se trasladó en un monasterio en la frontera con la India. En 1959, tras varios intentos del Dalai Lama, incluida una estancia en Pekín con el objetivo de llegar a un acuerdo con el gobierno chino, se inicia otra campaña de represión por parte del Ejército Popular de Liberación.
El Dalai Lama entonces, de acuerdo con el gobierno indio, se trasladó a la India y desde entonces formó un gobierno del Tíbet en el exilio, con el fin de poder enfrentar al gobierno chino utilizando la no violencia y la desobediencia civil.

El Tíbet, también desde un punto de vista estratégico, es muy importante para China, India y todos los demás países vecinos, como Vietnam,

Laos, Tailandia y Birmania. La razón está al hecho de que los ríos más importantes para China, India y otros países se originan en el Tíbet, fluyen hacia el mar a través de ellos y representan en gran medida la base de su economía.

En los últimos años, China ha construido muchas represas enormes en su territorio para producir electricidad pero también para tener la posibilidad de controlar el flujo de agua en los ríos y por tanto, en cierto sentido, también la economía y la vida de los países mencionados anteriormente.
Bastaría con no dejar que el agua pase o al contrario hacerla pasar toda de una sola vez para causar enormes problemas a estos países.
Estos proyectos faraónicos han creado y están creando grandes desequilibrios desde el punto de vista de la naturaleza y la ecología en general, con consecuencias también desde el punto de vista político, social y económico.

# PARTE V

# PARA LLEVAR

Lo que más sorprende en Génesis 1,2 es que Dios crea partiendo no de la "nada" sino del "caos".

# CAPITULO 27
## Para concluir

Qué es el caos, existen diferentes definiciones y aspectos relacionados con el significado de esta palabra, hay estudios de física, matemáticas, química, ciencias sociales e incluso religiosos que intentan explicar este tema, para hacernos una idea hemos tomado algunas de estas definiciones y puesto una al lado de la otra.

"El caos es cuando un sistema complejo llega a un punto crítico donde todo es inestable y por lo tanto su futuro está determinado por el azar".
"Su dinámica evolutiva puede ser una optimización del sistema, un mejoramiento, una regresión o una destrucción".

Observamos entonces que el futuro de un sistema en caos está determinado en el caso y si a este le sumamos la velocidad, desde el punto de vista matemático aumentará como consecuencia la intensidad del fenómeno.

Un sistema complejo está construido con una gran cantidad de elementos que actúan entre ellos.

La lógica nos dice que entre más complejo sea un sistema, más impredecible se vuelve.

La complejidad del sistema nos lleva a un nivel que algunos estudiosos han llamado el de las "condiciones iniciales sensibles" y que en la práctica conlleva a otra definición:

"El caos es básicamente cuando un cambio muy pequeño en un gran sistema puede afectar todo".

En este sentido se ha hecho muchas veces el ejemplo  del aleteo de las mariposas en Brasil que crea un huracán en Florida.

En este ejemplo específico hay una gran dependencia del sistema a las "condiciones iniciales sensibles".

Durante los últimos treinta años  con la globalización y los tres principales protagonistas de este libro, Global Finance, China y Big Tech, el mundo ha construido un sistema muy complejo. Estos tres sistemas que también son muy complicados cada uno en su interior,se atraen mucho entre sí y hay un área que es común a los tres y de la cual dependen, ésta genera a nivel de sistema mundial una fuerza enorme que arrastra todo y lo hace a una grande velocidad.

Aumento de la fuerza y de la velocidad, aumento de los elementos que interactúan, estas fuerzas poderosas tienden a concentrar necesariamente todo a su alrededor, creciendo de manera exponencial, pero cuanto más crece el sistema, más elementos tienen que interactuar entre ellos, entonces como consecuencia aumenta aún más la velocidad y fuerza de concentración y por lo tanto, de esta forma, sale cada vez más el nivel de un sistema en situación de inestabilidad que por la complejidad y velocidad crea cada vez más imprevisibilidad, llegados a este punto se ha construido un sistema difícil de parar pero tan sensible que luego basta con que la mariposa agite sus alas para que todo el sistema se altere o incluso se destruya.

Hemos creado un sistema caótico que es arbitrariamente próximo a otro sistema caótico diferente que conducirá a un camino futuro completamente desconocido.

No hay duda que el coronavirus y su propagación mundial son el resultado de este caos y que a la base de todo este caos hay solo una palabra el exceso de codicia.

A la base del libre mercado está la ambición, la cual es algo  positivo, la libertad con ambición crea riqueza para el individuo pero también para la sociedad es base de progreso y generación de riqueza, al contrario la codicia sin control y sin límites crea solo pobreza y desastres.

Como descubrió el filósofo Séneca en la antigua Grecia hace más de 2500 años, "Para la codicia, toda la naturaleza unida es muy poca cosa", las finanzas globales son posiblemente la máquina de codicia más grande, perfecta y completa jamás construida por la humanidad a lo largo de su historia, una máquina sólo capaz de destruir.

Mientras que en el siglo XX las principales batallas y guerras se libraron contra los autoritarismos de los estados, por ahora en esta primera parte del siglo XXI la mayor amenaza en absoluto de totalitarismo llega por el lado del mundo corporativo y financiero global, la muy potente China de hoy es en gran parte sólo la consecuencia de ese totalitarismo y cualquier degeneración que venga del mundo tecnológico vendrá también de ese totalitarismo.

El mundo global corporativo quiere imponerle al mundo el comunismo de mercado, limitando al máximo para su propia ventaja la libertad económica y por lo tanto la posibilidad de producir riqueza, progreso y empleo de calidad. El mundo corporativo y financiero global de hecho quiere limitar al máximo la ambición individual y seguir apropiándose de la riqueza producida en el pasado y la nueva producida por individuos emprendedores y lo quiere hacer sin tener que realizar el trabajo y el esfuerzo que corresponde a estas adquisiciones.

China hoy es el modelo que mejor combina desde el punto de vista de la realidad de las cosas, el área común que hemos explicado anteriormente, el área generada por la propia China, las finanzas globales y las Big Tech.

Aún no sabemos cuál de los tres prevalecerá, cuál de los tres podrá incorporar todo el sistema.
Los tres son muy poderosos, pero digamos que China tiene la gran ventaja de ser aún más monolítica: China no tiene por qué pedirle permiso a nadie para aplicar de forma avanzada todo lo que viene del mundo de las finanzas y todo lo que viene del mundo de la tecnología, en China no hay límites sociales, filosóficos, económicos o políticos.

En las nuevas tecnologías hay cosas fascinantes y también hay otras cosas que preocupan mucho, el 5G es una tecnología que permitirá hacer muchas cosas pero que, como hemos visto, será muy intrusiva.

La otra tecnología que por una parte preocupa bastante y al mismo tiempo deja sin palabras por las potencialidades que tiene es la inteligencia artificial, la IA.

En este campo la persona que parece más preocupada es Elon Musk, el dueño de SpaceX, de Tesla y también uno de los pioneros en el campo de la inteligencia artificial.

Elon Musk ha estado advirtiendo cosas como que "el porcentaje de inteligencia que no es humana está aumentando y que eventualmente los humanos representaremos un pequeño porcentaje de esas inteligencias".
"Llevo años tratando de convencer a todos de que hay que reducir la velocidad y regular el desarrollo de esta tecnología, pero por ahora nadie está dispuesto a escuchar".

Llegados a este punto dice que "quizás ya sea demasiado tarde" y que seguro que si seguimos así no podremos controlar.

Que "esto podría llevar al fin de la civilización y que la inteligencia artificial es muy difícil de extinguir y que es como una explosión que nunca termina...".

Musk ve que con el uso de los teléfonos móviles ya ahora somos similares a unos "cyborgs", los "cyborgs" en la ciencia ficción son individuos a los cuales han sido trasplantados miembros de órganos sintéticos, órganos que pasan a formar parte de este individuo.

Musk habla sobre el hecho de que "somos cyborgs poco evolucionados porque la velocidad de transmisión entre el teléfono y nosotros sigue siendo lenta, pero en el futuro todo podría cambiar".
Esto podría convertirse en una realidad a corto plazo con humanos que tienen componentes de conexión a la inteligencia artificial insertados dentro de sí mismos para que cerebro y el resto del cuerpo humano trabajen en conjunto con esa inteligencia artificial a tasas de intercambio de información prácticamente en tiempo inmediato,

esto podría como ya explicado hacer cosas increíbles como por ejemplo en medicina con la reducción o anulación de tantas incapacidades físicas, pero también la consecuencia podría ser que creemos superhombres entre los hombres incrementado las capacidades incluidas las habilidades y la fuerza física o incrementando de manera exponencial las capacidades mentales.

A estas alturas viene solo a la mente la película de Jurassic Park, para quien no la recuerde o no la haya visto era una historia de ciencia ficción, la primera película tiene más de 30 años, la trama se basa sobre un grupo de ingenieros que a partir de varios experimentos genéticos en laboratorio son capaces de regenerar los dinosaurios que se extinguieron hace millones de años, la idea era regenerar dinosaurios para hacer un gran parque de diversiones en una isla tropical.

En la película hay un personaje imaginario llamado Ian Malcolm que es un matemático Profesor de la Universidad de Texas, especializado en el estudio de la teoría del caos.

Este personaje es interesante porque hace varias observaciones filosóficas y de sentido común críticas al proyecto del parque que parecen muy idóneas a la situación en la cual se encuentra el mundo actualmente.

Podemos resumir con la siguiente reflexión el pensamiento del Profesor Ian Malcolm, cuando visitó el parque y vivió en persona las consecuencias de la pérdida de control del sistema establecido para gobernar a los dinosaurios y el caos que siguió.

**"Dios creó a los dinosaurios**
**Dios destruyó a los dinosaurios**
**Dios creó al hombre**
**El hombre destruye a Dios**
**El hombre crea a los dinosaurios**
**Los dinosaurios se comen al hombre".**

El proceso seguido con inteligencia artificial (AI) más todas las otras cosas que estamos haciendo son muy similares a la reflexión pronunciada por el Dr. Malcolm para describir el proceso de creación del parque:

"Los científicos, estaban tan preocupados con la idea de ser o no ser capaces de hacer una cosa que no se detuvieron a pensar si debieron o no debieron hacer esa cosa".

Esta última frase es muy relevante vivimos enfocados solo en pensar si seremos capaces de hacer ciertas cosas, pero nunca nos ponemos el límite de preguntarnos si nos conviene o si es correcto hacer ciertas cosas, al final lamentablemente la codicia y la avaricia siempre ganan.

Todavía no sabemos y nunca sabremos de dónde vino realmente el coronavirus, solo sabemos que había un laboratorio en Wuhan cerca del famoso mercado donde se experimentaron estos virus y también sabemos que no es el único laboratorio en el mundo que experimenta con estos virus y con otros tipos de virus.

La pregunta surge a propósito como una pregunta que alguien se hace en la película: ¿qué podría pasar si el "nerd" se escapa con los embriones?

La pregunta es si la civilización puede poner peligros potenciales tan grandes en manos de tan pocos actores y luego culpar de todo al "nerd" de turno por los desastres que pueden suceder.

Se dice que todos estos Laboratorios tienen una noble misión al servicio de la humanidad, la respuesta que surge de la película es:

"Desafortunadamente, algunas de las peores cosas que se puedan imaginar se hicieron con las mejores intenciones".

Ya en tiempos del imperio Romano la peste se difundió a gran velocidad en todo el imperio gracias a la gran red de vías Romanas, 80.000 kilómetros para conectar Roma a Europa, África y Medio Oriente, imaginemos hoy con el movimiento continuo en todo el planeta de personas y mercancías por vía terrestre, marítima y aérea.

Por una cuestión económica/política y el querer siempre hacer lo que se quiere ignorando las leyes del mundo, no se quieren hacer los controles necesarios ni las acciones preventivas que requiere la globalización (estas acciones son costos extra en factibilidad tiempo y dinero) y esto vale para las personas como para las mercancías sean manufacturas o productos agrícolas. Hasta los años 50's, 60's y parte de los 70's era normal un control médico, las cuarentenas y una serie de vacunas para ir a ciertos países o volver de ciertos países, esto como garantía para individuos y comunidades del mundo, eran normales los controles o acciones de fumigación o tratamientos particulares de las mercancías antes de su exportación o importación así como había bastantes prohibiciones de lo que se podía o no se podía hacer. Hoy en día rige el método de hacer lo que se quiera y hacerlo donde cueste menos para maximizar las ganancias de las grandes corporaciones especialmente.

La tendencia es ahorrarse el costo de los controles o fumigaciones necesarias y hacer todo lo que se quiera sin límites, algunos ejemplos sencillos del resultado de estos comportamientos que no se limitan al coronavirus son los siguientes:

Roma, 10 de octubre de 2018 – Periódico Quotidiano.net.

"Las chinches chinas son un verdadero flagelo que está devastando el medio ambiente en nuestras latitudes. El heteróptero, como se define en la jerga técnica, ha llegado por las rutas internacionales de los buques portacontenedores y ahora está colonizando cultivos. Las autoridades locales excluyen los peligros para los seres humanos, pero existen graves repercusiones que se están determinando sobre el medio ambiente y sobre el ecosistema italiano. La plaga pone en crisis la economía rural, en última instancia afecta nuestro bienestar, se está librando una verdadera guerra en nuestros campos. Durante meses, las organizaciones comerciales han hecho sonar la alarma, llamando a la propagación del "insecto asiático del mármol" una "invasión bíblica" que destruye cultivos en las huertas y arruina los grandes cultivos de soja y maíz".

Agregamos que estos Chinches son tan agresivos que se comieron la mayoría de las Chinches de origen Italiano. Esta plaga obliga a usar un mayor número de insecticidas con DAÑOS para el ambiente y los consumidores.


-Padova News Publicado por: Redacción Web 7 de septiembre de 2020

"POR IMPORTACION DE SEMILLAS Y PLANTAS EXTRANJERAS MIL MILLONES DE DAÑOS A ITALIA. En EE. UU., Las ventas desde China se detienen para detener plagas, insectos y enfermedades. La invasión de insectos y organismos exóticos llegados al campo italiano, especialmente con plantas y semillas del exterior, causó daños por más de mil millones en 2019 con efectos muy graves a nivel ambiental, paisajístico y económico. Esto es lo que dice Coldiretti al comentar la decisión de prohibir la venta de semillas y plantas extranjeras en los Estados Unidos después de que miles de paquetes sospechosos, muchos procedentes de China, llegaron a hogares de todo el mundo durante el verano. Una decisión subraya Coldiretti impulsada por las preocupaciones de las autoridades estadounidenses por la facilidad de venta de semillas y plantas en sitios web con el riesgo de propagación de malezas, insectos y enfermedades dañinas para la agricultura estadounidense.

Un peligro, prosigue Coldiretti, que también afecta a Italia donde se ha producido una invasión real de especies exóticas dañinas para los cultivos que han llegado, más o menos directamente, del gigante asiático. Desde el mosquito de ojos rojos (Drosophila suzukii) que afecta al fruto hasta el escarabajo de la castaña (Dryocosmus kuriphilus), el insecto asiático (Halyomorpha halys)y el polífago que afecta a más de 300 plantas diferentes, que - especifica Coldiretti tiene a los productores italianos de rodillas, por la falta de enemigos naturales, con unos 740 millones de euros en daños causados solo en 2019 y 48 mil granjas italianas afectadas.

Y el daño también ha hecho a la Drosophila suzukii, el mosquito asesino muy difícil de derrotar que atacó cerezas y uvas desde Véneto hasta Puglia. Los castaños, en cambio, pagaron una factura muy alta debido a las avispas de las agallas del castaño, Dryocosmus kuriphilus, procedente de China que hace que la planta forme agallas, es decir, hinchazón de los cogollos de diversas formas. Pero también está el picudo rojo Rhynchophorus ferrugineus originario de Asia que provocó una masacre de palmeras tras aparecer en Italia por primera vez en 2004 y desde entonces ha demostrado ser un verdadero flagelo que ha afectado a las zonas verdes públicas y privadas de Sicilia, Campania, Calabria, Lazio, Liguria, Abruzzo y Molise. La producción Made in Italy de miel de acacia, castaños, cítricos y mil flores - argumenta Coldiretti - se ve amenazada en cambio por dos insectos asesinos, el avispón asiático (Vespa velutina) y el escarabajo africano (Aethina tumida) que comen y arruinan la miel, polen y sobre todo destruyen la población de abejas italianas o las obligan a abandonar la colmena".

Bajo acusación está el sistema de control de la Unión Europea en las fronteras que en estos casos no ve, no oye y no comenta.

-Otro ejemplo la invasión de carpas asiáticas que acabo con todas las otras especies de pescados en los ríos en el norte de Estados Unidos.

-Otro ejemplo el hongo del banano importado de Asia a América que podría hacer desaparecer los bananos de todo el mundo para siempre, con un costo social enorme para los países que producen el fruto.

-Otro ejemplo es el de la llegada del zancudo tigre a Europa en los neumáticos de importación.

Michael Crichton que escribió la trama de Jurassic Park merece grandes elogios no solo como literatura sino también por los aspectos filosóficos que logró captar, tantas cosas dichas en esa película de hace treinta años anticipan el Parque Jurásico que nos estamos construyendo, debemos recordar que en la historia la idea era que esta isla donde se ubica el parque tenía que convertirse en una especie de Disney World para que las familias fueran y vivieran esta experiencia de ver a los dinosaurios en vivo ... pero luego algo se sale de control y todo termina en un gran desastre...

El desastre pasa porque el hombre tiene la arrogancia de pensar que puede controlarlo todo y esto es una ilusión, en realidad no es así y este coronavirus como muchas otras cosas nos lo demuestran y es por esto que no hay que seguir desafiando demasiado la naturaleza de las cosas porque en un modo en otro "la naturaleza encontrará su camino" y entonces no seremos capaces de contenerla, cuando la hayamos manipulado másallá del límite permitido encontrará el camino y lo hará con una fuerza que ninguna inteligencia artificial podrá detener jamás.

Al desafiar a la naturaleza, podríamos terminar como los dinosaurios, "que tuvieron su oportunidad pero luego la naturaleza decidió extinguirlos".

El establishment mundial de derecha e izquierda vive muy preocupado por una cuestión de poder, oportunismo político y de negocios a la genérica cuestión del calentamiento global, excelente excusa para no actuar o para actuar a beneficio de grandes grupos de interés, pero en el concreto en las cosas que verdaderamente pueden hacer la diferencia para no destruir los diversos ecosistemas del mundo o para conservar la biodiversidad no hay interés ni acción.

De pronto en su ignorancia el establishment mundial tiene la esperanza de que la globalización pueda direccionarse no sólo hacia el consumidor de talla única con pensamiento único y  a los países de talla única sino también  y porque no ¡a un ecosistema de  talla única!

Cualquiera que haya construido una planta de fabricación nueva, coches con un nuevo modelo, máquinas especiales de todo tipo sabe que cuando hay un nuevo diseño y una nueva producción hay muchas cosas impredecibles que crean retrasos y muchas cosas que no funcionan correctamente en un principio, pero eso no es problema, porque si se ha planificado bien, las consecuencias no son catastróficas y al final todo se resuelve con más tiempo, más dinero y algunos cambios o incluso en el peor de los casos el retiro del proyecto. Si por el contrario, nos ponemos a manipular cosas que no conocemos del todo ni podemos controlar, estos experimentos pueden salirse de las manos y cambiar por completo nuestro universo con consecuencias que pueden ser irreversibles.

**Hay que reconocer que en muy poco tiempo China podría convertirse en la primera economía del mundo y que actualmente existen al menos ocho sobre diez posibilidades, de que China ocupe el lugar de Estados Unidos como el país más importante del planeta.**

Mientras tanto, Estados Unidos y Europa en particular siguen un destino que por el momento ya está bastante marcado, estas dos realidades están y serán cada vez más dominadas por una élite muy destructiva, Europa se enfrenta a un enorme declive demográfico y un inmovilismo total, la sociedad Americana esta siempre más enferma, avanzando de esta manera están ambos destinados en muy poco tiempo a volverse irrelevantes y con ellos podrían morir los valores de libertad que representa América y la cultura milenial que representa Europa.

Como en todas las cosas nadie puede hacer predicciones, esto es solo una tendencia, pero una tendencia muy fuerte, hay al menos ocho sobre 10 posibilidades en este momento de que las cosas terminen así.

Algunas posibilidades de rescate podrían venir en particular de Estados Unidos, podría haber algunas sorpresas de renovación, esto a pesar de que es realmente difícil, pero no imposible.
Después de todo, este libro quiere motivar más que desmotivar pero motivar no significa ocultar la realidad de las cosas de hoy.

El dilema empresarial, que privilegiar los negocios o los valores? en realidad estas dos cosas no están en contradicción y se puede hacer negocios y tener valores, hay millones de empresas en el mundo que hacen negocios y tienen valores, en estas empresas los clientes, los empleados y el compromiso social son muy importantes para la empresa y su territorio.

La esperanza es actuar con decisión pero hacerlo con valores, este es el único camino para todos porque ninguna sociedad en el mundo con ningún sistema podrá sobrevivir si no los tiene. La historia nos enseña que cualquier sistema que vaya en contra de los valores eventualmente termina destruyendo a los demás y finalmente destruyéndose a sí mismo, sin libertad es imposible producir riqueza, sin valores siempre hay autodestrucción, esa es la naturaleza de las cosas.

**Dicho esto, sin embargo, debemos tener mucho cuidado y ser conscientes de que cada vez más estamos llegando a un momento definitivo, el momento definitivo lamentablemente significa que no es que esta vez haya ganado un partido y si no va bien a los cuatro años votamos por otro y todo de vuelta a como era antes, el momento definitivo es ese punto que se encuentra antes de entrar por esa puerta de la que difícilmente se puede volver atrás.**

**Si el mundo se convierte en una dictadura digital y la concentración de poder se vuelve absoluta e irreversible, los peligros potenciales son enormes, el control del sistema seria universal.**

Por ejemplo, en lugar de solucionar los tradicionales y difíciles problemas del mundo, poblaciones enteras o categorías sociales especificas podrían desaparecer por ejemplo a través de virus selectivos, todo como una simple solución a problemas complejos.

Otro ejemplo, la inteligencia artificial por sí sola podría decidir que cualquier comportamiento que adopte un individuo o grupo de individuos es peligroso e implementar un sistema de control social total, completamente invasivo, el hombre sometido a la máquina.

Otro ejemplo, el gobierno a través de un sistema de inteligencia artificial podría limitar la elección de parejas jóvenes, solo para aquellos que pueden producir segùn el gobierno una raza mejor o con menor riesgo de enfermedades.

Al final no sabemos cómo evolucionará esta crisis del coronavirus, la globalización podría reforzarse o entrar en crisis por completo, por ahora sabemos que desde un punto de vista empresarial, hemos pasado de just in time a just in case y que hay una grande expectativa.

Este libro comienza en la introducción con una invitación a no desperdiciar nunca una crisis y a esperar que al menos de cierto modo dicha crisis también haya sido útil, que haya dado el tiempo para pensar dentro de nosotros mismos y por fuera de nosotros, con este fin podría ser interesante contar la historia que le sucedió hace unos siglos auna tribu en África que fue contratada por un comerciante africano para transportar mercancías de una ciudad a otra a través de la selva: El comerciante desde el comienzo del viaje tenía mucha prisa y siguió presionando a la tribu para que fuera más y más rápido, después de una semana de grandes carreras, toda la tribu se detuvo y su gente se sentó en unas piedras debajo de unos árboles a esperar; el comerciante desesperado no entendió el motivo de este comportamiento y muy molesto insistió en que tenían que moverse, pero nada. A los pocos días el jefe de la tribu finalmente se levantó y con él todos los demás. Volvieron a cargar la mercadería y siguieron con entusiasmo su camino, el comerciante no entendió nada, después de muchas peticiones de una explicación al jefe de la tribu este finalmente le habló.

Toda esa prisa al inicio del viaje había hecho que sus cuerpos poco a poco se fueran separando de sus almas y por lo tanto que sus almas se quedaran rezagadas atrás en el camino,se detuvieron simplemente a esperar que sus almas los alcanzaran de nuevo para no perderse y cuando sus almas llegaron sintieron que podían continuar su camino sin problemas.

Por lo tanto, hay que esperar que este tiempo haya servido para que muchos que habían perdido sus almas en el frenesí de cada día las hayan recuperado plenamente.

Con los enormes e intensos cambios que nos esperan, no hay duda de que el mayor lujo del siglo XXI ya no estará solo en la parte material de los automóviles, la joyería de lujo, la ropa de marca, sino en productos y servicios que también incluyan las relaciones humanas.

Por lo anterior, como última cosa para llevar, este libro invita a disfrutar plenamente de todas las cosas que hasta ayer dábamos por sentado,disfrutar cada minuto de libertad, disfrutar y cuidar las cosas bellas de este mundo,hacer todo lo posible para defender y mantener vivos los almacenes de las proprias ciudades,hacer lo posible por consumir los productos del propio país, participar en la vida comunitaria, huir de las masas pero mantenerse cerca de la gente, se necesita amar más a la gente en un mundo que va a cambiar tanto, tenemos que preservar cada piedra, cada estructura, cada cuadro, cada escultura, que nos recuerda que somos humanos, esto se vuelve fundamental, la tecnología es importante y lo queramos o no hará siempre mas parte de nuestra vida, pero no olvidemos que la fuerza humana, la inteligencia humana y la sensibilidad humana hacen de este planeta con todos sus problemas, ¡quizás el lugar más hermoso de todo el universo!

# AGRADECIMIENTOS

Primero que todo gracias a Silvia Croce por el excelente trabajo de organización del proyecto y por la corrección del texto de base en italiano.

Agradecimientos a Eugenio Vasquez por las correcciones en la traducción en español.

Agradecimientos a Patrizia y Marco de Digitalgate Milano por el trabajo gráfico.

# NOTAS

## *PARTE I. El socialismo financiero*

[1] Guido Grossi, *Lecture. Notes from author. Change the monetary system. Euro yes or no,* Foligno, Italy September 6, 2019.

[2] Guido Grossi, *Lecture. Notes from author. The country in debt and his creditors,* Sottosopra Festival, Italy 2019.

[3] Danielle Dimartino, *Booth author of Fed Up: An Insider's Take on Why the Federal Reserve is bad for America. Notes from author, taken from interview made by Patrick Bet David,* in April 11, 2020.

[4] Danielle Dimartino, *Booth author of Fed Up: An Insider's Take on Why the Federal Reserve is bad for America. Notes from author, taken from interview made by Patrick Bet David,* in April 11, 2020.

[5] Danielle Dimartino, *Booth author of Fed Up: An Insider's Take on Why the Federal Reserve is bad for America. Notes from author, taken from interview made by Patrick Bet David,* in April 11, 2020.

[6] Danielle Dimartino, *Booth author of Fed Up: An Insider's Take on Why the Federal Reserve is bad for America. Notes from author, taken from interview made by Patrick Bet David,* in April 11, 2020.

[7] Danielle Dimartino, *Booth author of Fed Up: An Insider's Take on Why the Federal Reserve is bad for America. Notes from author, taken from interview made by Patrick Bet David,* in April 11, 2020.

[8] Danielle Dimartino, *Booth author of Fed Up: An Insider's Take on Why the Federal Reserve is bad for America. Notes from author, taken from interview made by Patrick Bet David,* in April 11, 2020.

[9] Danielle Dimartino, *Booth author of Fed Up: An Insider's Take on Why the Federal Reserve is bad for America. Notes from author, taken from interview made by Patrick Bet David,* in April 11, 2020.

[10] Danielle Dimartino, *Booth author of Fed Up: An Insider's Take on Why the Federal Reserve is bad for America. Notes from author, taken from interview made by Patrick Bet David,* in April 11, 2020.

[11] Guido Grossi, *Lecture/Interview. Notes from author. Kidnapped by economic madness.* Byoblu Radio, Italy 2019.

[12] Guido Grossi, *Lecture/Interview. Notes from author. MES misdoing analysis,* Italy December 11, 2019.

13 Guido Grossi, *Lecture/Interview. Notes from author. MES misdoing analysis,* Italy December 11, 2019.

14 Guido Grossi, *Lecture/Interview. Notes from author. MES misdoing analysis,* Italy December 11, 2019.

15 Guido Grossi, *Lecture. Notes from author. Change the monetary system. Euro yes or no,* Foligno, Italy September 6, 2019.

16 Guido Grossi, *Lecture. Notes from author. The country in debt and his creditors,* Sottosopra Festival, Italy 2019.

17 Guido Grossi, *Lecture/Interview. Notes from author. Kidnapped by economic madness,* Byoblu Radio, Italy 2019.

18 Guido Grossi, *Lecture/Interview. Notes from author. Kidnapped by economic madness,* Byoblu Radio, Italy 2019.

19 Marc Faber, *TV interview Marcopolis,* August 7, 2015.

## *PARTE II. La China. Del hambre a los nuevos propietarios del mundo en treinta años*

1 *Notes from interview to Robert Spalding made by Patrick Bet David in 2020 to the author of Stealth War. How China took over while America's elite slept. Robert Spalding and Seth Kaufman,* October 3, 2019.

[2] *Ibid.*

[3] *World Bank,* Spanish, Xinhuanet.com

[4] *La TAV del Mondo*, Il Foglio Quotidiano, July 14, 2019.

[5] *California high speed,* International railway journal, September 14, 2020.

[6] *The world fact book,* CIA, 2019.

[7] *China Association of Automobile Manufactors,* 2019.

[8] *United Nations World Population prospects*, 2020.

[9] *Export Trends,* World Bank, 2020.

[10] *Notes from interview to Robert Spalding made by Patrick Bet David in 2020 to the author of Stealth War. How China took over while America's elite slept. Robert Spalding and Seth Kaufman,* October 3, 2019.

[11] *Notes from interview to Robert Spalding made by Patrick Bet David in 2020 to the author of Stealth War. How China took over while America's elite slept. Robert Spalding and Seth Kaufman,* October 3, 2019.

[12] *Notes from interview to Robert Spalding made by Patrick Bet David in 2020 to the author of Stealth War. How China took over while America's elite slept. Robert Spalding and Seth Kaufman,* October 3, 2019.

[13] *How much does your country invest in R&D,* 2019.

[14] *Top 500 project list,* June 2020.

[15] *Science node article*, June 23, 2020.

[16] *Notes from interview to Robert Spalding made by Patrick Bet David in 2020 to the author of Stealth War. How China took over while America's elite slept. Robert Spalding and Seth Kaufman,* October 3, 2019.

[17] Chatzky and McBrid, *China massive belt and road,* Council foreign relations, January 28, 2020.

[18] *How China took control of Ecuador's oil,* Financial Post, Reuters, November 26, 2013.

[19] Chatzky and McBrid, *China massive belt and road,* Council foreign relations, January 28, 2020.

[20] *Rare earths. China raises annual rare earth mining quote to records high in 2020,* Reuters.

[21] *Patrick Bet David conference about the Huawei ban explained,* 2019.

[22] *Patrick Bet David conference about the Huawei ban explained,* 2019.

[23] *Patrick Bet David conference about the Huawei ban explained,* 2019.

[24] *The Diplomat, Stashwick, Military China US.* Pentagon releases annual China military report, September 3, 2020.

## *PARTE III. Big Tech. La cuarta revolución industrial*

[1] *Notes from interview made by Patrick Bet David in 2020 to the author of Stealth War. How China took over while America's elite slept. Robert Spalding and Seth Kaufman,* October 3, 2019.

[2] *Everything you need to know about 5G,* IEEE Spectrum, February 6, 2017.

[3] *Notes from interview made by Patrick Bet David in 2020 to the author of Stealth War. How China took over while America's elite slept. Robert Spalding and Seth Kaufman, October 3, 2019.*

[4] Newt Gingrich, *Conference in New York,* 2019.

[5] *Notes from interview made by Patrick Bet David in 2020 to the author of Stealth War. How China took over while America's elite slept. Robert Spalding and Seth Kaufman,* October 3, 2019.

[6] *Notes from interview made by Patrick Bet David in 2020 to the author of Stealth War. How China took over while America's elite slept. Robert Spalding and Seth Kaufman,* October 3, 2019.

**PARTE IV.** *Un mundo en decadencia*

[1] *National Institute on drug abuse. NIDA. Trends and Statistics,* 2019.

[2] *America's infrastructure is decaying,* Business insider, Thompson and Matousek, February 5, 2019.

[3] Zack Friedman, *Forbes, Student loan debt statistics in 2020 a record 1.6 trillion,* February 3, 2020.

[4] Danielle Dimartino, *Booth author of Fed Up: An Insider's Take on Why the Federal Reserve is bad for America. Notes from author, taken from interview made by Patrick Bet David,* April 11, 2020.

[5] Danielle Dimartino, *Booth author of Fed Up: An Insider's Take on Why the Federal Reserve is bad for America. Notes from author, taken from interview made by Patrick Bet David,* April 11, 2020.

[6] *20 years of Euro,* Center for European Policy Freiburg, Germany 2019.

[7] *Export Germany official web site of European Union,* 2020.

[8] Noah Barkin, Germany Strategic Gray Zone with China, Carnegie for international peace, March 25, 2020.

[9] Noah Barkin, Germany Strategic Gray Zone with China, Carnegie for international peace, March 25, 2020.

[10] Noah Barkin, Germany Strategic Gray Zone with China, Carnegie for international peace, March 25, 2020.

[11] *World Bank Report,* 2019.

[12] *Trending Economics. Russian ministry for economic development,* 2018.

***

**Lista de los principales libros usados por el autor para hacer anotaciones que fueron útiles para la preparación de este libro.**

Giulio Tremonti, *Le tre profezie (The three prophecies),* Solferino libri, Milano 2019.

Giulio Tremonti, *Rischi fatali. L'Europa vecchia, la Cina, il mercatismo suicida: come reagire (Fatal Risk. Old Europe, China how to react),* Mondadori, 2005.

Giulio Tremonti, *La paura e la speranza (Fear and Hope),* Mondadori, 2007.

Giulio Tremonti, *Uscita di sicurezza (Safety Exit),* Rizzoli, 2012.

GiulioTremonti, *Bugie e verità. La ragione dei popoli* (*Lies and Truth. The reasons of the people)*, Mondadori, 2013.

Giulio Tremonti, *Mundus Furiosus*, Mondadori, 2016.

Alan Greespan, *The age of Turbulence*, 2007.

Robert Shiller, *The new Financial Order*, 2003.

Milton and Rose Friedman, *Free to Choose*, 1994.

*The Cambridge Economic History of Europe. Volume VII. The Industrial Economies,* 1980.

Robert Shiller, *Irrational Exuberance*, 2000.

George P. Shultz and Kenneth W. Dam, *Economic policy beyond the headlines*, 1977.

Dennis Merritt Jones, *The Art of Uncertainty*, 2011.

Adam Smith, *The Wealth of Nations*, 1776.

James Buchan, *The Authentic Adam Smith*, 2006.

Michael T. Jacobs, *Short term America*, 1991.

Liaquat Ahamed, *Lords of Finance: 1929 the great depression and the bankers who broke the world*, 2020.

George C. Lodge, *Managing Globalization in the age of interdependence*, 1995.

Joseph E. Stiglitz, *Globalization and its discontents*, 2002.

Joseph E. Stiglitz, *The Roaring Nineties*, 2003.

Thomas L. Friedman, *Thank you for being late*, 2016.

Thomas L. Friedman, *The World is flat*, 2005.

Alain Minc, *La grande illusion*, 1989.

Emanuel Todd, *Après l'empire*, 2002.

Ted C. Fishman, *China Inc*, 2005.

Kerry Brown, *What does China want? China world*, 2017.

Newt Gingrich, *Trump vs China*, 2019.

Sun-Tzu, *The art of war*

Unknown, *Sanshiliuji, The 36 strategies*

Peter Schweizer, *Secret Empires*, 2018.

Eric Schmidt, Jonathan Rosenberg, *How Google works*, 2014.